사회복지
법제와 실천

강
정
희

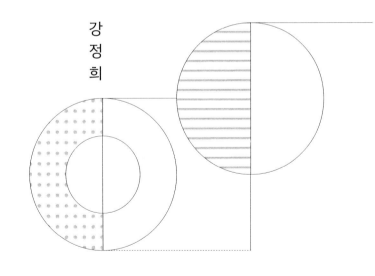

 박영
story

머리말

이 책을 준비하게 된 가장 큰 이유는 사회복지사업법이 개정되면서 '사회복지법제론'이 '사회복지법제와 실천'으로 과목명이 변경되고 구성도 변경되었기 때문이다. 기존의 교재가 새롭게 변경된 교과목 지침의 내용을 다루지 않거나, 한정하여 다루고 있는 문제점이 있었다.

사회복지법을 어려워하는 학생들이 쉽게 이해할 수 있는 교재가 있으면 좋겠다고 생각했다. 사회복지법은 사회복지와 법학의 지식을 모두 필요로 하기에 가르치는 동안 너무 힘들었다. 법률용어는 여전히 익숙하지가 않다. 교수자에게도 부담스러운 과목이니 학생들은 오죽 힘들었을까?

그런데도 우리가 사회복지법을 공부해야 하는 이유는 사회복지법을 통하여 사회복지정책, 사회복지행정, 사회복지실천을 통합적으로 이해하고 활용하는 능력을 키워야 하기 때문이다. 사회복지사는 사회복지의 실천과정에서 서비스를 제공하려면 법에서 규정하고 있는 내용을 알아야 하고, 법을 어떻게 활용할 것인가를 학습해야 한다. 사회복지법은 사회복지학과 법학적 지식이 결합한 형태이므로 사회복지학을 기본으로 하여 법적 내용을 학습할 필요가 있다.

이 책에서는 용어의 정의를 학생들이 찾아보거나 물어볼 필요가 없도록 다소 어려운 용어는 각주로 설명하였다. 다른 사회복지학 과목과 중복되는 내용은 되도록 피하고 군더더기를 덜어냄으로써 최대한 뜻이 분명하게 드러나도록 노력하였다.

　이 책에서 개별 사회복지법을 모두 다루기에는 너무 양이 많아 사회복지법에서 가장 기본이 되는 사회보장기본법, 사회보장급여의 이용·제공 및 수급권자 발굴에 관한 법률, 사회복지사업법을 다루었다. 가장 최근에 개정된 내용을 반영하기 위해 개정내용들을 확인하여 반영하였다.

　실제 강의하는 방식으로 교재를 만들고 싶었으나 다른 교재와 차별성이 부족한 것 같아 매우 아쉽다. 원고 작성의 시간적 한계와 저자의 부족한 지식으로 문장이 매끄럽지 않고 의도한 대로 표현하지 못해 내용의 체계가 다소 문제가 있을 수 있다. 이 부분은 지속해서 수정하고 보완해서 개정판을 만들 때 반영하도록 노력하겠다.

　이 책을 쓰기 위해 참고한 많은 저자와 출판을 위해 애써주신 분들에게 감사의 말씀을 드린다.

2021년 9월

강정희

차 례

제1장
법에 대한 이해

제1장 법에 대한 이해

사회적 인간의 모든 관계는 법에 따라 이루어지고 있어서 법의 기본지식은 현대인의 필수적인 요건이다. 더욱이 사회복지는 법적 근거를 두고 행해지고 있다. 법에 관한 기본적인 내용을 알고 법을 이해해야 법체계 안에서 사회복지를 실현할 수 있다. 법의 기본지식을 학습하는 것은 사회복지법을 이해하는 데 매우 유용하고도 필수적인 과정이다.

1. 법의 필요성

인간은 사회적 동물이면서 법적인 존재이다(남윤봉, 2014). 사람이 있는 곳에 사회가 있고, 사회가 있는 곳에 법이 있다.

사람은 사회의 구성원으로 일생을 살아간다. 사람은 개인적인 생활의 주체이면서 사회적인 공동생활의 주체로서 살아가야 한다. 사람은 개인의 이익을 추구하면서 살아가지만, 사회의 전체적인 이익추구도 중요한 것이다. 개인의 이익과 사회 전체 이익을 균형 있고 조화롭게 하기 위해서는 모두가 인정할 수 있는 기준이 필요하다. 사람은 일정한 기준에 의해 생활함으로써 사람으로 사는 생활이 가능하게 된다. 이러한 기준을 사회규범이라고 한다. 사회규범은 인간의 사회생활에 관한 규범이라는 의미이다. 각자의 행동을 어느 정도 제한하거나 때에 따라서는 금지하고 또는 명령하는 규범질서가 필요하게 된다.

사람이 태어나는 순간부터 사망으로 일생을 마치는 모든 살아가는 동안은 그 누구도 이러한 사회규범을 무시하고서는 사람으로 사는 삶이 불가능하다. 사회규범으로 도덕, 관습, 종교, 법이 있다. 도덕, 관습, 종교, 법 등 사회규범 중에서 법규범이 오늘날에 있어서 가장 강력하고 중요하다. 법규범이 다른 사회규범과 차별화되는 가장 큰 특징은 국가 및 사회공동체의 존속과 질서 유지를 위한 기능을 하는 가장 중요한 근본규범이라는 점이다. 법을 통해 사회생활이 조화롭게 유지되는 것이다. 우리 일상생활의 대부분이 법의 적용과 규율을 받고 있지만 우리는 이를 인식하지 못하고 살아가고 있다. 사람은 태어나면서 권리와 의무의 주체가 되는 법적인 혜택을 받기 시작한다. 부모와 자식이란 친자관계가 인정되면서 부모와 자식 간의 일정한 권리와 의무가 인정된다. 재산을 취득하거나 변경, 소멸의 모든 절차와 효력이 법을 통해 인정된다. 사망신고라는 법적인 방법에 따라 사람으로서의 마지막 일생을 마치게 된다. 따라서 사람은 법적인 존재일 수밖에 없다.[1] 우리가 사는 사회에서 사회적 인간의 모든 관계는 법에 따라 이루어진다.

2. 법의 규범성

법이란 사람이 공동생활을 영위하기 위하여 마땅히 지켜야 할 강제적 사회규범이다. 법은 사람에게만 있는 준칙이며 또한 공동생활을 위하여 지켜야 할 준칙으로서 국가의 힘으로 반드시 지켜지도록 강제되는 특징을 가지고 있다(남윤봉, 2014).

---

[1] '법 없이도 살 사람'이라는 말이 있다. 이런 표현은 보통 착하고 정직한 사람을 가리킬 때 사용한다. 이런 표현은 사람이 법적인 동물이라는 것과 맞지 않는다고 생각될 수 있다. '법이 없어도 살 수 있는 사람'에서의 법은 모든 분야의 법을 말하는 것이 아니다. 공공질서를 바로잡는 데 목적을 두고 있는 형사법을 가리키는 것으로서, 착하고 정직한 그 사람에게는 형사법이 없어도 된다는 의미이다.

1) 사회규범으로서의 법

사회규범은 사회를 구성하는 사람들에게 적용되는 규범이다. 사회규범은 인간이 사회질서 유지의 목적을 달성하기 위하여 준수해야 하는 것으로 사회생활을 방해하는 행위를 금지하거나 필요한 것을 요구하는 것과 같은 당위2의 법칙을 말한다(김동복, 2017). 사회규범은 인간의 의사와 관계없이 항상 일정한 질서가 유지되는 자연법칙과는 구별된다.3

사회규범은 존재의 법칙이 아닌 당위의 법칙이기 때문에 사람이면 마땅히 하여야 함에도 때로는 사회 구성원 중에는 그대로 지켜지지 않는 경우가 발생하게 되며 그 위반의 경우를 전제하여 만들어진 기준이 바로 사회규범이다. 이 사회규범에는 당연히 지켜야 할 것을 지키지 아니한 행위자에게 일정한 비난과 제재를 가하여서라도 전체사회의 질서를 유지하게 시키기 위한 기준들이 만들어져 있는 것이다(남윤봉, 2014).

(1) 법과 다른 사회규범

① 도덕

도덕은 사회규범 중에서도 가장 개인적인 요소의 규범이며, 사람이 사람다워지는 기준이다. 도덕은 인간이 지켜야 할 도리 또는 바람직한 행동 기준을 말한다. 도덕은 모든 사회규범의 기초를 이

---

2 당위: 마땅히 하여야 할 것.
3 자연법칙은 해는 동쪽에서 떠서 서쪽으로 진다거나, 물은 위에서 아래로 흐른다는 존재의 법칙으로 필연의 법칙을 말한다. 언제나 일정한 사실이 있으면 언제나 일정한 결과가 어김없이 발생하게 되는 사실의 법칙이다. 자연법칙은 어떠한 경우라도 변하거나 어겨지는 경우가 없다.

루는 부분이다. 법도 도덕의 기초 위에 두어야 하며 관습과 종교도 도덕적 기초를 무시해서는 인정되기 어렵다. 도덕은 시대와 장소, 사회의 변화에 따라 계속하여 변화하고 있다. 옛날의 도덕적 기준과 오늘날의 도덕적 기준이 같지 않으며 동양의 도덕적 기준과 서양의 도덕적 기준도 같지 않다.

도덕은 사람이 사람됨의 근본이기에 세상의 무엇과도 비교될 수 없는 소중함을 지니고 있다. 사회가 인간적이고 문화적일수록 사람에게 요구되는 도덕적 기준이 엄격하고, 같은 사회적 구성원이라고 하더라도 그 영향력과 지위가 높을수록 요구되는 도덕적 기준이 그만큼 높다는 것은 당연하다. 지성인이 경계해야 할 것은 법의 준수 이전에, 인격의 손상을 가져오는 도덕적 비난을 받아서는 안 된다는 사실이다.

② 관습

관습은 관행이라고도 한다. 관습이란 일정한 행위가 일정한 범위의 사람들 사이에 계속 반복되어 실행된 집단적 행동양식을 말한다. 관습은 사회의 유대를 강화하고 동료의식을 심어주며, 사회환경에 적응하는 데 도움이 된다. 그런데 관습은 실제 생활 속에서 무의식적으로 발생한 것이므로 법과 도덕, 종교와 비교해 비이상적(非理想的)이라 할 수 있다. 관습은 지방에 따라 직업에 따라 다를 수 있으며, 그 규율성에 있어서도 각기 차이가 크다.

관습이 사회적 타당성이 인정되고 국가에 의해 법으로 승인될 때는 하나의 관습법이 되기도 한다. 관습법은 급속한 변화에 신속히 대처하기 어려운 제정법의 미비점을 보충해 주는 크나큰 역할을 하고 있다.

③ 종교

종교는 무한·절대의 초인간적인 신을 숭배하고 신앙하여 삶과 죽음의 의미를 이해하고 선악을 권계[4]하고 행복을 얻고자 하는 방식이다. 사람은 부족하고 유한하며 제한적인 존재로 위급한 상황이나 한계적 상황에 부딪히면 무형의 절대자를 찾게 되고, 모든 것을 의탁하려는 것이 일반적이다. 일정한 종교를 선택하면 그 종교의 규율에 따라 신앙생활을 하여야 한다. 종교는 종교인에게 있어서 도덕, 관습 못지않은 사회규범의 역할을 하고 있다. 종교는 사회 구성원의 내적 생활뿐만 아니라 실제로 외적인 사회생활을 규율하고 있으므로 사회규범으로서의 구실을 한다.

2) 강제규범으로서 법

예링(Rudolf von Jhering, 1818~1892)은 '법적 강제가 없는 법규는 타지 않는 불, 비치지 않는 등불과 같다'라고 했고, 칸트(Immanuel Kant, 1724~1804)는 '법과 강제 기능은 같다'라고 하여 법의 강제성을 강조하였다. 법은 국가권력에 의해 강제하는 수단을 가진 사회규범이다.

법이 강제규범인 것은 법의 실효성을 확보하기 위한 것이다. 법을 위반한 사람에 대하여 일정한 제재를 가함으로써, 직접 또는 간접으로 위법행위를 방지하게 되고 법의 실효성이 이루어진다고 보는 것이다. 법의 실효성이란 법이 규정한 대로 실제로 지켜지는 것이다.

법의 강제 규범성은 강력한 국가권력에 의한 강제라는 점에서

---

4 타일러 훈계함.

도덕, 관습, 종교와는 본질적인 차이가 있다. 따라서 도덕, 관습, 종교는 비강제적 규범이라고 할 수 있다.

3) 문화 규범으로서의 법

인간은 현실에 발을 딛고 살면서도 항상 그것에 만족하지 않고 더 나은 현실, 즉 가치를 향하여 끊임없이 노력하고 있다. 인간이 현실에서 가치를 향하여 노력하는 가운데서 생성되는 업적이나 산물을 문화라고 한다.

법은 정의 자체는 아니지만, 정의라는 가치인 법이념을 향하여 노력하고 있는 하나의 문화개념이다. 법은 그 국가의 문화적 수준과 직결되는 문화의 척도가 된다.

3. 법의 목적

법의 목적은 법이 궁극적으로 실현하고자 하는 이념과 가치를 말한다. 법의 개별적인 목적은 법의 숫자만큼 있다(남윤봉, 2014). 법의 개별적인 목적은 그 개별법의 처음에 명시하는 것이 보통이다. 예를 들면 「사회보장기본법」 제1조에서 "이 법은 사회보장에 관한 국민의 권리와 국가 및 지방자치단체의 책임을 정하고 사회보장정책의 수립·추진과 관련 제도에 관한 기본적인 사항을 규정함으로써 국민의 복지증진에 이바지하는 것을 목적으로 한다."라고 규정하고 있다. 이와 같은 개별적인 목적을 종합하면 그 목적들의 기본 요소를 찾아낼 수 있다. 이러한 개별법의 공동 목적을 법의 일반적인 목적이라 한다.

1) 정의

법은 정의의 실현을 목적으로 한다. 법이라고 하면 보통은 정의라고 말하게 된다. 정의는 법에 있어 핵심적인 요소이다. 만일 법에서 정의를 뺀다면, 법으로서의 기초가 없어지게 되는 것이다.

아리스토텔레스는 평균적 정의, 배분적 정의, 일반적 정의로 구분하였다. 평균적 정의는 산술적 평등이라고 하고 형식적 평등이라고도 하며, 일정한 요건이 같으면 그에 관한 결과도 똑같은 것을 말한다. 예를 들면 성별, 종교, 나이, 교육 수준, 신분, 재산의 소유 정도에 관계없이 일정한 나이(만 19세) 이상이 되면 투표를 할 수 있다. 이것이 바로 평균적 정의의 실현이다. 손해와 배상, 범죄와 형벌 등도 이에 속한다.

배분적 정의는 비례적 평등이라고도 한다. 이것은 불평등한 것은 불평등하게 대우하는 것으로서 일정한 조건 이외에 실질적인 내용의 경중을 고려하여 그 능력에 따라 대우하는 것에 의한 정의의 실현을 말한다. 따라서 이것을 실질적 평등의 실현이라고도 한다. 예를 들면 같은 시간에 같은 강의를 들은 학생들이지만 더 열심히 한 학생과 덜 열심히 한 학생은 그 내용에 따라서 성적이 다르게 주어지는 것이다. 부자에게는 많은 세금을 내게 하고, 능력 있는 자에게는 월급을 더 많이 주는 것이다.

일반적 정의는 국가의 국민에 대한 관계에서의 정의이다. 사회의 일원인 개인이 사회를 위하여 공동생활의 일반원칙에 따라 의무를 다하는 것으로, 국가의 위기 해결을 위한 순국이 이에 해당한다.

정의는 추상적인 이념 형식이기 때문에 그 실질적인 내용이 영구불변인 것이 아니고 역사적, 상황적 여건에 따라 변화하고 제한을 받아서 상대적이라고 할 수 있다.

2) 합목적성

법의 구체적 타당성[5]을 실현할 수 있는 법의 이념이 합목적성 (合目的性)이다. 합목적성은 목적에 맞추어 방향을 결정하는 원리라는 뜻이다. 법의 합목적성이란 어느 국가의 법질서가 어떠한 표준과 가치관에 의하여 구체적으로 제정되고 실시되는 원리라는 의미이다.

합목적성은 법이 그 가치관에 구체적으로 합치하는 것을 말한다. 법은 국민의 의사(意思)이자 국가의 의사인 제도이다. 법의 목적은 국가의 목적과 결부되어 있으므로 법의 합목적성은 국가의 목적에 의해 구체적으로 결정된다.

정의가 법의 목적의 추상화라면 합목적성은 법의 목적의 구체적 개별화라고 할 수 있다. 법의 합목적성은 법이 요구하는 가치관에 따라 법의 목적을 실제화하는 데 있다.

사람은 사회생활을 함에 있어서 개인의 자유와 권리를 실현하는 동시에 공공의 이익을 도외시할 수 없는 것이다. 따라서 사람은 개인적인 자유와 권리를 실현하는 동시에 타인의 이익 추구도 함께 고려해야 한다. 이때 그 조화의 이념과 기준이 공공복리(公共福利)이다. 공공복리의 실현은 개인적 이익 추구와 동시에 공동생활의 모든 구성원의 이익을 조화하는 위에서 실현되어야 한다. 공공복리는 개인의 이익을 부정하는 것이 아니다.

법은 개인의 기본적 인권을 최대한 보장하면서 공공의 이익을

---

5 법적 타당성이란 법률에 대한 의무주체의 의사와는 관계없이 현실에서 법의 내용이 실현되기를 요구하는 것으로, 법규범의 객관적 당위성을 나타내는 것이다.

실현하는, 공익과 사익이 조화되는 것을 이상으로 한다. 법은 이러한 공공복리의 실현을 목적으로 하는 합목적성이 있어야 하는데 그 합목적성은 개인과 전체가 함께 고려되어 조화를 이루는 것이어야 한다. 만일 그렇지 않고 법의 내용이 개인의 이익 추구에만 그치면 공동생활이 불가능할 것이고, 반대로 전체의 이익 추구에만 치우치면 개인의 자유와 평등은 실현될 수 없게 될 것이다. 만일 법의 내용이 공공복리의 합목적성이 모자라게 되면 법으로서의 정당성은 상실되는 것이다. 개개인의 이익을 최대한 보장하면서 공익을 실현하는 것이 법의 합목적성이라 할 것이다.

3) 법적 안정성

법적 안정성이란 법 자체의 안정을 말한다. 법 자체가 안정되지 않고 수시로 변경되면 그에 의하여 유지되었던 질서는 기준의 변경으로 안정된 생활이 어렵다. 법은 사회질서를 유지하는 바탕이며 기준이기 때문이다. 법에 따라 안정된 생활을 하기 위해서는 그 기준 자체에 신뢰가 생겨야 한다. 그렇지 않으면 사람의 생활은 불안해질 수밖에 없다. 법적 안정성은 법의 근본 목적이면서 가치이다.

법적 안정성이 확보되기 위해서는 몇 가지 요소가 충족되어야 한다. 우선 법은 그 내용이 명확해야 한다. 법의 내용이 모호하게 되면 그 적용된 결과에 대하여 사람들은 믿지 않으려 한다. 그뿐만 아니라 그 법의 효력이 유동적이어서 공정한 질서가 유지되기 어렵고 불안을 느끼게 된다.

법은 너무 자주 변경되어서는 안 된다. 법이 함부로 변경될 때는 법의 안정성은 침해받는다. 기준인 법에 따라 새로운 질서가 잡

히기도 전에 또다시 변경된다면 생활의 기준을 잡을 수 없어 안정된 생활을 할 수 없게 된다. 언제 또다시 기준인 법이 변경될지 알 수 없어 불안하기 때문이다. 법은 사회 실정에 따라 개정되어야 하지만 법적 안정성을 고려하여 신중한 검토와 절차를 거쳐야 한다.

법은 실효성이 있어야 한다. 법의 규정은 실제로 지켜져야 한다. 법은 법대로이고 국민의 생활은 생활대로여서 법의 내용이 실제의 생활을 규율하지 못하면 법은 소용이 없게 된다. 따라서 법의 내용은 실제 생활의 질서 유지에 활용되는 살아있는 법이 되어야 한다. 그러기 위해서 법은 엄정하고 공정하게 집행이 이루어져야 한다.

법은 국민의 법 감정에 맞는 내용이어야 한다. 법의 내용이 너무 엄하거나 국민의 법적 의식에 반할 때는 법의 안정성은 유지될 수 없다. 법의 내용이 너무 엄격하면 지킬 수 없는 법이 되어 범법자만을 만들어 내는 결과를 내게 되고, 만일 법의 내용이 너무 안이하면 존재 의미가 없게 된다.

법이 질서 유지의 목적을 달성하기 위해서 법은 내용이 명확하고 지나친 변경을 삼가며 실제로 행하여지는 동시에 현실에 맞는 것이어야 한다. 이러한 네 가지 요소가 갖추어질 때 법은 법 자체의 안정성을 유지하게 된다.

4) 정의, 합목적성, 법적 안정성의 관계

법의 일반적 목적인 정의, 합목적성, 법적 안정성은 법이 갖추어야 할 세 가지 요소이다. 법이 법다워지려면 이 세 가지 법의 목적이 함께 존재하여야 한다. 그런데 이 세 가지 요소는 각기 나름대로 특성이 있어서 법의 1차적 임무가 무엇인가에 따라서 서로 다른 태도를 보이기도 한다(남윤봉, 2014).

법적 안정성은 법의 형식에 관하여 강조점을 두지만, 정의와 합목적성은 주로 법의 실질적인 내용에 중점을 둔다(박상기 외, 2018). 법적 안정성은 법의 내용이 정의에 부합하느냐 여부와 관계없이 그 원리 자체를 고집하는 경향이 있으므로 양자 사이에는 갈등이 생긴다. 정의와 합목적성은 법의 내용에 관한 것이지만, 그 내부에서는 각기 다른 가치 관념들이 남아 있어서 갈등이 생기기 쉽다. 정의는 일반화하는 경향을 보이는 데 반하여 합목적성은 개별화하는 경향이 있다.

이처럼 법의 목적을 구성하는 각 요소가 법체계 유지에 절대적으로 필요하면서도 동시에 상호대립되기도 하는 것이다. 이 문제에 대해서 라드부르흐(G. Radbruch)는 "나는 모순을 지적하기는 하였지만 해결하지는 못하였다. 그러나 위의 세 가지는 서로를 요구하면서 때로 날카로운 모순을 보이지만, 이 이념들이 마침내 법을 전면적으로 지배하고 있다. 철학이란 사람을 결단에서 해방하는 것이 아니라 결단의 한 발 앞에 머무르게 하며, 인생을 손쉽게 하는 것이 아니라 복잡하게 하는 것이다. 만일 세계가 궁극적으로 모순이 아니고, 인생이 결단이 아니라면, 사람이 산다는 것이 얼마나 쓸모없는 것일까?"라고 하였다. 결국 이 문제는 학문적인 보편타당성을 가지고서는 해결될 수 없고, 실천적·주관적으로 해결될 수밖에 없다고 하였다.

법은 정의의 실현을 궁극적 이상으로 삼고, 합목적성과 법적 안정성에 의해 현실의 생활을 규율해야 하는 어려움을 안고 있는 존재이다. 법의 세 가지 목적 중에서 정의는 가장 중요할 수밖에 없다. 법을 사람의 육체에 비유한다면 정의는 두뇌이고, 합목적성과 법적 안정성은 손과 발에 해당한다고 할 수 있다. 두뇌의 활동이 없는 손과 발은 하나의 장식품에 불과할 것이다. 그러므로 법은 곧 정의이어야 한다. 이 정의를 주축으로 합목적성과 법적 안정성이 조화를 이룰 때 법은 자기 몫을 다하게 될 것이다.

4. 법의 존재 형식

법의 존재 형식은 성문(문서)의 형식으로 된 성문법(Written Law)과 불문의 형식으로 된 불문법(Unwritten Law)으로 구별된다(김동복, 2017). 법의 진화과정을 그 존재 형식에서 보면 불문법에서 성문법으로 이행되었다는 것을 알 수 있다.

오늘날 국가의 통치제도는 국민의 권리보장과 법적 안정성을 도모한다는 차원에서 대부분 성문법주의를 채택하고 있다. 성문법이 그 나라의 법원(法源) 가운데 중심인 나라를 성문법주의 국가라고 하고, 불문법이 그 나라의 법원 가운데 중심인 나라를 불문법주의 국가라고 한다.[6]

성문법주의 국가에서는 성문법을 우선 적용하고, 성문법 규정이 없는 경우에 불문법을 보충적으로 적용한다. 불문법주의 국가에서는 불문법을 우선 적용하고 불문법에 어떤 사항이 없는 때에만 성문법을 제정하거나 적용하고 있는 불문법 내용을 변경하고자 할 때 성문법을 제정하여 적용하고 있다.

성문법주의 국가에서도 불문법을 부단히 연구하며 받아들이고

---

6 성문법주의 국가에는 프랑스, 이탈리아, 스페인, 포르투갈, 벨기에, 룩셈부르크, 독일, 스위스, 네덜란드, 덴마크, 스웨덴, 노르웨이, 일본, 한국 등이 속한다. 불문법주의 국가에는 영국, 미국, 캐나다, 오스트레일리아, 뉴질랜드 등이 속한다.

있으며 불문법주의 국가에서도 성문법이 나날이 증가하고 있다. 오늘날 대부분의 국가는 성문법과 불문법이 상호 보완하며 조화를 이루고 있다.

1) 성문법

성문법은 규범의 내용을 문자로 조문 형식을 빌려 문서로 만든 것이다. 성문법은 입법권자에 따라 일정한 절차와 형식에 따라서 문자로 표현되고 문서의 형식을 갖추어 작성·제정되고 공포된 법을 말한다. 성문법은 국가기관에 의해서 제정되므로 제정법이라고도 한다.

성문법의 장점은 사람의 의사에 따라 합목적적·이상적으로 법을 제정할 수 있고, 법을 제정하거나 변경하기가 비교적 쉬우므로 여러 제도를 개혁하는 데 편리하고, 법의 존재와 그 의미 내용을 명백히 알 수 있고, 법 생활의 안정을 도모할 수 있다는 것이다.

성문법의 단점으로는 성문법이 문서의 형식으로 표현되어 있으므로 법을 고정화하기 쉬워 변화하는 사회에 부응하지 못하는 경우가 발생하고, 법을 통한 개혁이 사회의 요청에 따르지 못하고, 입법이 복잡하고 기술적이어서 일반인이 이해하기가 어렵다는 점을 들 수 있다.

성문법의 종류에는 헌법, 법률, 명령, 자치법규, 조약이 있다.

(1) 헌법

헌법은 국가의 기본법이다. 국가의 기본적인 체제, 원리, 질서, 제도와 국민의 기본권, 국가의 통치조직과 통치 작용을 규정하고 있는 법이다. 우리나라의 조직과 통치에 관한 근본법으로서의 헌법은 명문7으로 제정한 성문헌법이다.

헌법은 국가법 중 최상위규범으로서 가장 강력한 효력이 있다. 국가의 법 제정권은 헌법에 따라 규제된다. 헌법에 저촉되는 모든 법률, 명령, 규칙 등은 효력이 없으며 국가기관의 행위가 헌법을 위반한 것일 때에도 역시 무효가 된다.

우리나라 헌법은 1948년 7월 17일 공포되어 지금까지 9차에 걸쳐 개정되었다.8 헌법에는 전문, 제1장 총강, 제2장 국민의 권리와 의무, 제3장 국회, 제4장 정부, 제5장 법원, 제6장 헌법재판소, 제7장 선거 관리, 제8장 지방자치, 제9장 경제, 제10장 헌법개정 등 본문 130개의 조문과 부칙으로 구성되어 있다.

헌법은 국가의 기본법이기 때문에 법적 안정성 차원에서 빈번한 개정을 막기 위하여 대부분 국가는 헌법을 제정하거나 개정할 때 일반 법률의 제정이나 개정 절차보다 훨씬 까다롭고 복잡한 절차를 거치도록 규정하고 있다. 이를 경성헌법이라고 한다.9

---

7 명백하게 기록된 문구. 또는 그런 조문.
8 공화국을 뜻하는 영어인 'republic'은 라틴어 'res publica'가 어원으로, '공공의 것'이라는 의미이다. 공화국은 국민의 대표가 통치하는 정치체제이다. 공화국의 주권은 국민에게 있고, 국민이 선출한 대표자가 국민의 권리와 이익을 위하여 통치를 행하는 것이 일반적이다. 공화국은 민주주의, 국민주권주의, 대의정치의 원리를 가지며 전형적인 형태는 민주공화국이다. 우리나라는 헌법 개정이 9번이 있었지만, 그중에서 집권 형태와 선출 형태가 변경될 정도로 큰 개정이 6번이 있어 제1공화국부터 제6공화국까지 분류한다.
제1공화국: 제헌헌법(1948), 제1차 개정(1952)과 제2차 개정(1954)
제2공화국: 제3차 개정(1960.6)과 제4차 개정(1960.11)
제3공화국: 제5차 개정(1962)과 제6차 개정(1969)
제4공화국: 제7차 개정(1972)
제5공화국: 제8차 개정(1980)
제6공화국: 제9차 개정(1987)
9 우리나라도 경성헌법이다. 헌법을 개정하려면 국회 재적의원 과반수 또는 대통령의 발의로, 국회 재적의원 3분의 2 이상의 찬성 의결을 거쳐서, 국회의원 선거권자 과반

(2) 법률

법률은 국회 의결을 거쳐서 대통령이 공포한 성문법을 말한다. 법률에서는 일반적으로 국민의 권리와 의무에 관한 사항과 기타 중요한 사항을 규정한다. 법률은 헌법에 위반되는 내용을 제정할 수 없고, 하위법규인 명령은 법률에 위반되는 내용을 제정해서는 안 된다.

(3) 명령

명령은 국회의 의결을 거치지 아니하고, 헌법에 근거하여 행정기관(대통령, 총리, 각부 장관)에 의하여 제정된 성문법을 말한다. 명령은 헌법, 법률 다음의 효력순위를 갖는다. 다만 대통령의 긴급명령(헌법 제76조)만은 예외적으로 법률과 같은 효력을 갖는다.

명령은 개별 법률의 시행령(대통령령) 및 시행규칙(총리령, 부령)으로 나눌 수 있다. 국회는 근본적인 중요한 사항만 법률의 형식으로 제정하고, 실제로 법률을 집행하는 데 필요한 세부적인 사항은 각 행정기관에서 정하도록 하고 있다.

(4) 자치법규

자치법규는 지방자치단체가 지방자치에 관하여 제정한 법규를 말한다. 자치법규에는 조례와 규칙이 있다. 조례는 지방자치단체가 법령의 범위 안에서 그 지방 사무에 관하여 지방의회의 의결을 거쳐 제정하는 자치법규를 말한다. 규칙은 지방자치단체의 장이 법령[10] 또는 조례가 위임한 범위 안에서 그 권한에 속하는 사무에 관

수의 국민투표와 투표자 과반수의 찬성을 얻어야만 확정된다.

10 법을 표현하는 다양한 형태의 유사 용어(김훈, 2012).

하여 제정한 것이다. 자치법규는 그 지방자치단체의 지역 안에서만 효력을 갖는다. 조례와 규칙과의 관계는 법률과 명령과의 관계와 같이 상하 관계에 있으므로 규칙은 조례를 위반하여 제정할 수 없다.

(5) 조약

조약은 국제법 주체인 국가와 국가 간 또는 국가와 국제조직 간에 문서에 의한 합의를 말한다. 조약에는 협약, 규약, 헌정, 규정, 협정 의정서, 결정서, 약정, 교환공문 등의 여러 명칭이 있다. 조약은 국제법의 중요한 법원으로 체결 당사국 국민의 권리와 의무에 영향을 미치고 있다. 우리나라 헌법은 "헌법에 따라 체결·공포된 조약과 일반적으로 승인된 국제법규는 국내법과 같은 효력을 가진다. 외국인은 국제법과 조약이 정하는 바에 의하여 그 지위가 보장된다."(헌법 제6조)라고 규정하고 있다. 따라서 조약은 법적 효력을 갖는다.

2) 불문법

불문법은 성문법 이외의 모든 문서로 만들어지지 않은 법원을 말한다. 비제정법이라고도 한다. 불문법에는 관습법, 판례법, 조리가 있다.

---

① 법률(法律): 실질적인 의미에서 '법'과 같은 뜻으로 사용하지만, 형식적인 의미에서는 국회의 의결을 거쳐 대통령이 서명하고 공포된 법을 가리킨다. '법'은 추상적·포괄적이지만, '법률'은 구체적·가시적 개념이다.
② 법전(法典): 헌법, 법률, 명령, 규칙과 같은 실정법을 체계적으로 편별한 조직적 성문법규집
③ 법규(法規): 넓게는 법규범 일반의 준말이고, 좁게는 성문의 법령을 말한다.
④ 법령(法令): 법률과 명령을 함께 부르는 말인데, 넓은 의미로는 법률이나 법 전체를 가리킬 때도 있다.

(1) 관습법

관습법은 사회의 자연발생적인 규범을 말하는데 일정한 조직을 갖게 된 국가 법체계 아래서 법원으로서 하나의 지위를 차지하게 된다. 관습법은 사회의 많은 사람에 의하여 동일 행위가 장기간 반복된 관습 또는 관행이 그 사회인의 법적 확신을 얻음으로써 국가권력에 의하여 강행되는 불문법을 말한다. 관습법은 관습과는 다르다. 관습이 사회인의 법적 확신을 얻음으로써 관습법이 된다. 따라서 관습은 비강제규범인 데 대하여 관습법은 강제규범이다. 관습을 위반할 때는 사회적 비난이 있지만, 관습법을 위반할 때는 국가권력에 의한 일정한 제재가 가해진다.

(2) 판례법

판례법은 특정 사건에 관하여 내려진 법원의 판결이 그 후 같은 또는 유사한 사건에 대하여 반복적으로 적용됨으로써 그 판결이 법적 효력을 가지는 불문법을 말한다. 법원이 법적 안정성, 즉 사회생활의 안정을 위해서 중대한 이유와 확실한 근거가 없는 한 종래의 판례[11]를 변경한다는 것은 비합리적인 처사가 되므로 그러한

---

11 판례는 법의 의미를 명확화·구체화하여 법의 존재를 밝히는 기능을 한다. 불문법주의인 영미법계 국가에서는 상급법원이 어떤 법률문제에 관하여 판결을 내리면 그 후 그 법원이나 하급법원은 같은 법률문제에 대해서는 앞선 판결과 다르게 판결할 수 없게 된다. 영미법계 국가는 불문법 중심이고 '선판례 구속성의 원칙'이 확립되어 있어서 판례는 제1차 법원으로서의 구속력을 가진다. 성문법 중심주의 국가에서는 '선판례 구속성의 원칙'이 인정되지 아니하기 때문에 원칙적으로 불문법인 판례를 법원으로 인정하지 아니한다. 그러나 실제에 있어서는 하급법원은 상급법원, 특히 대법원의 선판례를 존중하여 그와 같게 판결하고 있다. 이것은 법관이 사실상 선판례에 구속되고 있다고 볼 수 있다. 우리나라에서도 판례가 법원으로 사실상 인정되고 있다고 볼 수 있다(김동복, 2017). 판례는 법 적용의 사례로서 의미가 있으므로 사회복지와 관련된 판례들을 통해서 사회복지법의 실천적 의미와 결과를 이해할 수 있다. 사회복지법 판례 연구를 통해 기존 법제의 문제점과 적용상의 구체적 문제점들을 발견할 수 있고, 사회복지학의 새로운 이론 개발에 이바지할 수 있을 것이다(윤찬영, 2013).

변경을 하지 않는 것이다. 판례법은 관습법의 특수한 형태인데, 법원에서 형성된 것이라는 점에서 일반적 관습법과 다르다.

　(3) 조리

　조리는 사물의 본성으로 국가가 법적 규범의식으로서 승인한 사회생활의 원리를 말한다. 조리는 대부분의 사회 구성원들이 타당하다고 인정하는 공동생활의 원리인 객관적인 원리 또는 법칙이다. 경험 법칙, 사회통념, 사회적 타당성, 공서양속, 정의, 형평의 원리, 신의성실, 법의 일반원칙 등의 뜻으로도 표현된다.[12]

　우리의 사회생활은 부단히 변화하고 발전하기 때문에 성문법, 관습법, 판례법만으로 모든 사항을 규율하고 모든 분쟁 사항을 심판할 수는 없다. 새로운 형태의 관행이나 제도가 형성되고 있는 사항이 심판사건이 되었을 때 어떤 성문법도 관습법도 판례도 거기에 맞는 규정이나 관습이나 판례가 없다고 한다면 이를 규율할 수도 없고 재판할 수도 없다. 그러나 법원은 특정한 구체적 사건에서 이에 적용할 법규가 없다고 하여 재판을 거부할 수 없으므로 이럴 때 법원은 그 법의 결함(법의 흠결)을 보충하여 판결할 수밖에 없다.

　우리나라 민법 제1조에서도 "민사에 관하여 법률에 규정이 없으면 관습법에 따르고 관습법이 없으면 조리에 의한다."라고 규정하고 있다. 형사재판은 적용할 형법 규정이 없는 경우에 죄형법정주의[13] 원칙상 관습법이나 조리를 법원으로 하여 재판할 수 없다.

12　경험 법칙은 민사소송법상 경험에서 얻어진 사물의 성상이나 인간관계의 법칙으로서 사실 판단의 전제가 되는 것. 공서양속은 공공의 질서와 선량한 풍속. 신의성실은 모든 사람이 사회 공동생활의 일원으로서 상대방의 신뢰에 반하지 않도록 성의 있게 행동할 것을 요구하는 법 원칙.
13　죄형법정주의는 근대형법의 기본원칙으로서 '법률이 없으면 범죄도 없고 형벌도 없

즉 형법에서는 조리가 법원이 될 수 없다.

5. 법의 분류

1) 자연법과 실정법

자연법은 일반적으로 국가가 만든 법이 아니다. 자연법은 시간과 공간을 초월하는 영구불변의 초경험적이고 이상적인 법을 말한다. 자연법이란 실정법과 비교되는 의미에서 법은 마땅히 이렇게 되어야 한다는 당위법(當爲法)으로서, 인위적인 법이 아니라 어떠한 선험적인 근거에서 시대·민족·국가 등을 초월하여 보편타당성을 지니는 이성에 의하여 인식되는 법이라 할 수 있다(김향기, 2018).

실정법은 특정한 시대와 특정한 사회에서 효력을 가지고 있는 법규범을 말한다. 국가기관에 의하여 제정되는 제정법과 관습법, 판례법 등과 같이 경험적, 역사적인 사실에 의하여 성립되고 현실적인 제도로서 시행되고 있는 법이다. 실정법은 시대와 국가, 사회에 따라 다르고, 인간이 제정함으로써 불완전성을 지니고 있다.

2) 국내법과 국제법

국내법은 한 국가에 의해 인정되고 그 국가의 주권이 미치는 범위에서만 행하여지는 법을 말한다. 국내법은 한 나라의 단독의사이며, 국가와 개인과의 관계, 개인 상호 간의 관계를 규율하는 법

다'라는 것을 의미한다. 어떠한 행위를 범죄라 하며 그 범죄에 대하여 어떠한 형벌을 과하느냐 하는 것은 미리 성문화된 법률로써 규정해 놓아야 한다는 것이다. 따라서 아무리 부도덕하고 사회적으로 비난을 받을 행위라 할지라도 법률이 이를 범죄로 규정하고 있지 않은 한 처벌되지 아니하고, 범죄로서 처벌된다고 하더라도 미리 법률에 규정된 형벌 이외의 형벌로써 처벌되지 아니한다는 것을 말한다.

이라는 점에서 국제법과 구별된다.

국제법은 국제사회에서 통용되는 국가 상호 간의 권리와 의무, 국제기구에 관한 법이다. 국제법은 국내법과 비교하면 그 조직적 기반, 재판기구, 제재 방법 등이 미약하고 불완전하다고 할 수 있다.

3) 공법, 사법, 사회법

공법은 공익적·국가적·권력적 법률관계를 규율하는 것이고 사법은 사익적·사회적·대등한 법률관계를 규율하는 것이다. 헌법, 행정법, 형법, 소송법, 국제법은 공법이고, 민법과 상법은 사법이다. 오늘날에는 점점 공법과 사법의 구별실익이 적어지고 있으며 공법과 사법이라는 양극단의 사이에는 무수한 단계가 존재하고 있어 이를 원리적으로 구별할 필요도 줄어들고 있다.

사회법은 단순한 사적 생활에 관한 것이 아니며 그렇다고 하여 공적이나 국가적인 생활에 관한 것이라고도 할 수 없다는 의미에서 이를 공법과 사법의 중간영역으로서 제3의 법영역을 형성한다. 19세기의 국가는 야경국가[14]로서 시민 생활에는 간섭하지 않는 자유방임주의를 취했으며 사적자치(privatautonomie)의 원칙이 지배하였다. 이러한 자유방임은 대기업이 자본을 독점하면서 다수의 노동자와 농민은 빈곤화하여 실업이 증대되고 빈부의 격차가 심해지고, 계급적 대립이 격화되어 사회적 병폐를 초래하게 되었다.

국가는 이러한 폐해를 제거하고 사회의 공공복리와 국민경제의 정상적인 운영과 실질적인 평등을 위해 사법적 질서에 대해 많은

---

14 야경국가는 개인이 자유롭게 경제 활동을 할 수 있도록 국가의 기능은 외적의 방어, 국내 치안의 유지, 최소한의 공공사업에 그쳐야 한다는 국가관이다.

간섭을 하고 통제를 가하게 되었다. 즉, 자본주의의 고도화에 따라 개인 중심적인 사법의 영역에 국가가 개입하여, 커다란 수정을 가하게 되었다.[15]

사회법은 자본주의 법의 범위에서 수정을 시도하는 것이라는 특색을 갖는다. 사회법에는 노동법, 경제법, 사회복지법 등이 포함된다고 볼 수 있다.

4) 일반법과 특별법

일반법과 특별법의 구별은 법의 효력 범위를 기준으로 분류한다. 법 규정은 보편적이고 추상적 원칙이지만 그 보편성과 추상성에는 정도의 차이가 존재한다. 법 규정 중에서 어떤 것은 다른 것보다 특수적이고 구체적이다. 법 규정 중에서 보편적이고 추상적인 것과 특수적이고 구체적인 것과의 대립이 생긴다. 이것이 일반법과 특별법이다.

법 적용과 효력의 범위에 따라서 일반법과 특별법으로 구별된다. 일반법과 특별법은 사람, 사항의 범위, 장소를 적용할 때 구별이 된다.

일반인에게 적용되는 법은 일반법, 특정한 신분의 사람에게만 적용되는 법은 특별법이다. 민법, 형법은 일반법이지만, 선원법이나 공무원법 등은 특별법이다. 일반 국민에게 적용되는 국민건강보험법은 일반법이고 특정 신분에 적용되는 의료급여법은 특별법이다.

---

15 프랑스 인권선언 제17조에 '소유권의 신성불가침' 규정이 개인 중심적 사법 원리의 상징이라고 한다면, 제1차 대전 후에 제정된 바이마르 헌법 제153조가 '소유권은 의무를 수반한다.'라고 한 것은 사회법적 원리를 나타낸 것이다. 프랑스 인권선언 제1조 이하가 추상적인 '자유·평등'을 내세운 것이라면 바이마르 헌법 제151조가 '인간다운 생활'을 보장한 것은 사회법적이다.

일반적 사항에 적용되는 법이 일반법, 특수한 사항에 적용되는 것이 특별법이다. 일반적 사항에 적용하는 사회보장기본법은 일반법이고 국민연금법은 특별한 사항에 적용하는 법으로 특별법이다.

일반법은 전국에 일반적으로 적용되는 법으로서 민법, 형법 등이 이에 속하고 특별법은 일부 지역에만 적용되는 법으로서 지방자치단체의 조례, 규칙이 해당한다. 전국적 지역에 적용되는 국민기초생활보장법은 일반법이고 특정 지역에만 적용되는 부산시의 조례나 규칙은 특별법이다.

"특별법은 일반법을 우선한다."라는 원칙에 의해서 법을 적용할 때 특별법이 우선 적용되고 특별법에 규정이 없는 경우에 일반법이 보충적으로 적용된다. 아동의 입양에 관해서 아동복지법이 일반법이고, 입양특례법이 특별법이 되므로 아동 입양에 관해서는 아동복지법보다는 입양특례법이 우선 적용된다.

5) 원칙법과 예외법

원칙법과 예외법의 구별은 법의 효력 범위에 의한 분류로서, 원칙법은 어떤 사항에 관하여 일반적으로 적용되는 법을 말하고, 예외법은 그 어떤 사항에 관하여 특별한 사정이 있는 경우에 그 원칙법의 적용을 배제하는 예외를 정한 법을 말한다. 일반법과 특별법은 법령과 법령 사이에서 구별되는 것이나, 원칙법과 예외법은 같은 법령 중에서 혹은 같은 조문 중에서 구별한다. 법령 중에 있는 단서는 일반적으로 예외법이다. 사회복지사업법 제34조 제2항의 "국가 또는 지방자치단체 외의 자가 시설을 설치 · 운영하려는 경우에는 보건복지부령으로 정하는 바에 따라 시장 · 군수 · 구청장에게 신고하여야 한다."라는 부분은 사회복지시설 설치의 원칙법에 해당하고, "다만, 폐쇄명령을 받고 3년이 지나지 아니한 자에 해당하는 자는 시설의 설치·운영 신고를 할 수 없다."라는 단서 부문은 예외법에 해당한다.

6) 강행법과 임의법

강행법과 임의법의 구별은 법규의 강제 여부와 그 정도에 따른 구별이다. 강행법은 당사자의 의사와 관계없이 강제적으로 적용하는 법을 말하고, 임의법은 당사자의 의사로 그 적용을 배제할 수 있는 법이다.

대체로 공법은 강행법에 속하고, 사법은 임의법에 속한다. 강행법과 임의법의 구별은 법문의 표현과 기타 법규가 가지고 있는 가치 등을 고려하여 구체적으로 판단하여야 한다. '당사자의 특별한 의사표시가 없으면'이라든가, '다른 의사표시가 없으면'이라고 규정하고 있는 경우에는 임의법이다.[16] 그러나 법조문이 명확하지 않을 때는 각 법규의 내용, 성질이나 입법목적 등을 종합적으로 검토하여 판단하여야 하는데, 법규가 주로 공익의 보호를 목적으로 하고 있으면 강행법으로 보고, 사익의 보호를 목적으로 하면 임의법으로 보는 것이 일반적인 학설의 입장이다.

---

16 법문상에 '~하여야 한다.', '~하여서는 아니 된다.' 등의 경우에는 강행법으로 행위주체를 강제하는 구속력을 갖지만, '~할 수 있다.', '~노력해야 한다.' 등의 경우에는 임의법으로 강행법과 비교해 구속력이 상대적으로 떨어진다.

7) 고유법과 계수법

고유법과 계수법의 구별은 법의 형성과 제정자료에 의한 분류이다. 고유법(indigenous law)이란 자국에서의 오랜 사회생활의 결과로서 발생하고 발달한 그 국가의 고유한 규범을 자료로 하여 성립한 법이다. 계수법(adopted law)은 타국에서 발생하고 발달한 법을 수입, 모방하여 이를 자료로 하여 성립한 법을 말한다. 이때 계수의 기본이 된 외국법을 모법(mother law)이라 하고 계수된 그 국가의 법을 자법(filial law)이라 한다.

우리나라에서는 서양의 법을 입법적으로 계수한 법이 많다. 법의 계수는 사회적, 경제적 여건이 유사한 국가 간에 가장 효과적으로 행해지는 것이나 교통이 발달하고 국민의 경제생활이 국제화되어 있는 오늘날에는 법의 계수가 세계적 규모로 실현되고 있으므로 현재 순수한 고유법만을 가지고 있는 나라는 하나도 없다고 해도 과언은 아닐 것이다.

6. 법의 해석

법의 적용에 있어서 그 규정의 내용 또는 의미를 확정하는 것을 법의 해석이라 한다. 특히 법률의 규정은 전문적일 뿐만 아니라 일반적이고 추상적인 내용을 담고 있어서 구체적인 사건에 적용하기 위해서는 법의 규정 내용을 확정하는 해석의 필요성이 제기된다.

법의 해석은 단순히 입법자의 의사를 연혁적으로 탐구하는 것이 아니라 법 적용의 시점에 있어서 그동안의 판례와 학설의 전개와 정치적·경제적·사회적 변동도 함께 고려하여 법의 근본 취지를 발견하여야 할 것이다.

7. 권리와 의무

1) 권리

권리는 법률상 부여되는 것이다. 법률이 없는 곳에 권리가 존재할 수는 없다(김향기, 2018). 권리는 법률상 주어진 힘이다. 힘이란 특정 이익을 누리는 데 필요한 행위를 할 가능성을 말한다. 법률상의 힘은 법률에 따라 주어지는 것이므로 자연적인 힘(권력, 지혜의 힘)과는 다르다.

권리[17]는 특정 이익의 향유를 목적으로 한다. 특정의 이익이란 사회생활 가운데 필요한 이익으로서 물질적, 경제적 내용을 가진 일정한 범위의 재산적 이익은 물론 생명, 신체, 자유, 명예, 비밀 등 비재산적 이익도 포함한다. 법은 권리를 부여하여 일정한 이익을 특정인이 법의 보호 속에서 누리게 하는 것이다.

2) 의무

의무는 법률에 따라 부과되는 구속으로서 일정한 작위[18] 또는 부작위[19]에 대하여 개인이 원하든 원하지 않든 상관없이 법률상 강제되는 것을 뜻한다.

---

17 권리와 구별되는 개념으로 반사적 이익이 있다. 반사적 이익은 법률이 특정인 또는 일반인에게 일정한 행위를 명함으로써 다른 특정인 또는 관계인이 그 법률의 반사적 효과로서 받게 되는 사실상의 이익을 말한다. 도로 교통법규에 따라 음주운전 등을 단속함으로써 다른 일반인이 교통안전의 효과를 받는 것이 반사적 이익이다. 권리는 권리 실현을 위한 일정한 청구권이 인정되고 그 침해에 대해 소송을 통해 구제받을 수 있으나, 반사적 이익은 법이 보호하는 이익이 아니라 그 법의 실현의 결과로서 간접적으로 관계인에게 사실상의 이익을 주는 것에 그치므로 그것이 침해되더라도 소송 등 자기의 이익을 위하여 주장할 수 있는 법상의 힘이 없다.
18 작위(作爲)는 의식적으로 한 적극적인 행위나 동작.
19 부작위(不作爲)는 마땅히 해야 할 일을 의식적으로 하지 않는 일.

권리가 있으면 의무가 있는 것이 보통이다. 권리와 의무는 마치 물건의 양면처럼 서로 대응하여 존재하는 것이 원칙이다. 권리와 의무는 수레의 양쪽 바퀴와 같아서 의무가 없는 권리는 굴러갈 수 없다. 권리는 존중되어야 하며 의무는 준수되어야 한다.

권리와 의무는 항상 대응하는 것은 아니다. 의무는 있으나 권리가 없는 때도 있다. 의무 중에 권리를 전제하지 않은 채 부과되는 납세의 의무, 병역의 의무가 대표적이다. 그리고 일정한 신분법적 관계에 따라 특별한 의무가 부과되는 예도 있다. 예를 들어, 공무원의 정치적 중립의무가 여기에 해당한다. 따라서 권리가 있는 곳에 의무가 수반되지만, 의무가 있는 곳에 언제나 권리가 수반되는 것은 아니다(최승원 외, 2018).

3) 권리와 의무의 분류

(1) 권리의 분류

권리는 공권, 사권, 사회권으로 분류된다.

공권은 공법상의 권리이며 이는 국제법상의 공권과 국내법상의 공권으로 분류된다. 국제법상의 공권이란 한 국가가 국제사회에 있어서 존립 활동을 하기 위한 권리로서 대체로 독립권, 평등권, 자위권, 교통권 등이 이에 속한다. 국내법상 공권은 행사 주체에 따라 국가적 공권과 개인적 공권으로 분류된다. 국가적 공권은 우선 삼권분립주의에 따라 입법권 · 행정권 · 사법권[20]으로 분류할 수 있

---

20 입법권은 법을 만드는 권한으로 국회에 속하고, 행정권은 법을 집행하는 권한으로 정부에 속하고, 사법권은 법을 해석하고 적용하여 재판하는 권한으로 법원에 속한다. 국가권력의 작용을 각각 독립된 다른 기관에 분담시켜 상호 간에 견제와 균형을 유지하게 하고 국가권력의 집중과 남용을 막기 위한 것이다.

고, 공권의 목적에 따라 행정조직권, 재정권, 군정권, 형벌권, 경찰권이 있고, 내용에 따라 명령권, 강제권, 형성권, 공법상 물권[21] 등으로 분류된다. 개인적 공권은 기본적 인권에 따라 자유권, 참정권, 수익권[22]으로 나누는 것이 보통이다.

　사권은 권리의 내용에 따라 인격권 · 신분권 · 재산권[23]으로 분류되고, 권리의 작용에 따라 지배권 · 청구권 · 형성권 · 항변권[24]으로 분류하고, 권리의 대외적 효력에 의해 절대권과 상대권[25]으로 분류하고, 양도성 유무에 따라 일신전속권과 비전속권으로 분류된다.

21　명령권은 작위 · 부작위를 명령하거나 이를 면제할 수 있는 권리, 강제권은 강제력으로서 신체 또는 재산에 침해를 가할 수 있는 권리, 형성권은 법률상의 힘을 형성하거나 그 형성에 관여하는 권리로 권리를 설정 · 변경 · 소멸할 수 있는 권리, 공법상의 물권은 직접 물건 위에 고착하여 존립하는 국가적 공권이다.

22　자유권이란 국가권력으로부터 개인의 자유를 침해당하지 않을 소극적 의미의 권리이다. 예를 들면, 신체의 자유, 거주이전의 자유, 직업선택의 자유, 종교의 자유 등이다. 수익권이란 국민이 자기를 위하여 국가에 대하여 적극적으로 활동할 것을 요구할 수 있는 권리이다. 예를 들면, 청구권적 기본권, 생존권적 기본권이 있다. 청구권적 기본권은 국민이 국가에 대하여 적극적으로 특정한 행위를 요구할 수 있는 권리로서 그 대상은 국가의 입법 · 행정 · 사법 작용에 대한 것일 수도 있고, 기타의 경제적 급부에 대한 것일 수도 있다. 생존권적 기본권은 모든 국민이 인간으로서 인간다운 생활을 할 권리이다. 인간으로서의 존엄과 가치를 인정받으며 생활할 권리이다. 참정권이란 국민이 국가 또는 공공단체의 정치적 의사결정에 참여할 수 있는 권리이다.

23　인격권은 권리자 자신의 인격과 분리할 수 없는 이익을 목적으로 하는 권리이다. 예를 들면, 생명권, 명예권 등이 이에 속한다. 신분권은 가족법 관계에서 발생하는 권리이다. 예를 들면, 부모의 자식에 대한 친권, 부부간의 동거 청구권, 친족 간의 부양청구권 · 상속권 등이다. 재산권은 사유재산제도를 인정하는 견해에서 경제적 이익을 목적으로 하는 권리이다. 재산을 분류하는 기준에 따라 물권(특정한 물건을 직접 배타적으로 지배하여 이익을 누릴 수 있는 권리), 채권(일정한 사람이 다른 일정한 사람에게 특정한 행위를 요구할 수 있는 권리), 지적재산권(일정한 형체는 없으나 사람의 정신적인 작용에 의한 재산적 가치가 있는 산물을 말하는데, 저작권 · 특허권 · 상표권 등) 등이 이에 속한다.

24　지배권은 권리의 대상인 객체를 사용 · 수익 · 처분하는 권리이다. 청구권은 타인의 행위를 요구할 수 있는 권리이다. 형성권은 이익자의 일방적 의사표시에 의하여 일정한 법률관계를 발생 · 변경 · 소멸시키는 효력을 만드는 작용의 권리이다. 항변권은 청구권의 행사에 대하여 그 청구를 거절하는 권리로 타인의 공격을 막는 방어적 수단으로 사용되는 권리이다.

25　권리의 대외적 효력이 일반인에 대하여 절대적으로 미치는 절대권과 특정한 사람에게만 대항할 수 있는 상대권으로 나뉜다.

일신전속권은 권리주체와 권리 사이에 밀접한 관계가 있어 권리자로부터 분리하여 양도할 수 없는 권리이며, 인격권, 신분권, 사회보장수급권이 이에 속한다. 비전속권은 권리자 개인과 떼어서 양도할 수 있는 권리이며, 재산권은 대체로 이에 속한다.

사회권은 사회법상의 권리이다. 사회권은 국민이 생존을 유지하거나 생활을 향상해 인간다운 생활을 하기 위하여 국가에 대하여 적극적인 배려를 요구할 수 있는 권리로 생존권[26]이라고도 불린다. 사회법이 공법과 사법의 혼합적인 지위에서 성립되어 사회권도 공권과 사권의 혼합적 성격을 지니고 있다.

(2) 의무의 분류

의무는 공의무와 사의무, 사회의무로 나누어 볼 수 있다. 공의무란 공권에 대응하는 의무이며 조약 등에 의해 국가가 국제법상의 주체로서 지는 국제법상의 공의무와 국내법상의 공의무가 있다. 국가가 개인적 공권에 대응하여 부담하는 국가적 공의무와 납세·국방 의무 등 국가적 공권에 대응하여 개인이 부담하게 되는 개인적 공의무가 있다.

사의무란 사권에 대응하여 존재하는 것이다. 사인 상호 간에 존재하는 의무 및 국가나 공공단체가 경제적 이익만을 내용으로 하여 사인과 대등한 재산권의 주체로서 행위를 한 경우 국가·공공단체와 국민 사이에 존재하는 의무를 뜻한다. 채무나 부양의무 등이

---

26 권리의 유형을 공권, 사권, 사회권으로 구분하고, 공권-사권과 대비하여 사회권을 규명한다. 사회권은 생존권이라고도 불린다. 복지권은 권리의 내용을 사회복지와 관련해서 사용하는 용어이다. 사회보장수급권은 사회보장기본법 하에서 사용되는 유사 용어이다. 내용상으로 사회권은 생존권, 복지권, 사회보장수급권의 내용을 포함하고 있다.

그 예에 해당한다.

사회의무란 사회권에 대응하는 의무이다. 사회권은 사회법상의 권리이고, 특히 노동법에서는 근로자의 권리이므로, 사회의무는 그 상대방인 사용자의 의무임과 동시에 때에 따라 국가의 의무로서도 존재한다. 국민은 국민연금이나 건강보험과 같은 사회보험의 보험 료를 낼 의무가 있으며, 국민기초생활보장 대상자 가운데 조건부 수급자는 구직노력을 행할 의무가 있다.

4) 권리와 의무의 주체

권리를 갖거나 의무를 부담할 수 있는 자격을 가진 자를 권리와 의무의 주체라 한다. 권리와 의무의 주체는 법적 인간이라고 말한다. 법적 인간이 되는 능력 또는 자격을 인격이라고 하고 이를 가진 사 람을 법적 인격자라 한다. 법적 인격자는 개개의 인간에 한하지 않 고 법인도 권리와 의무의 주체가 된다. 사회복지법인들이 법적 인격 자로서 권리와 의무의 주체로서 임무를 수행하는 경우가 많다.

생각해 볼 문제

1. 탐욕, 어리석음, 사회적 특권에 가려진 정의(justice)와 관련된 사례를 찾아보고, 정의란 무엇인지 토론해보자.
2. 안락사와 관련된 죽음에 관한 자기 결정권을 주제로 토론해보자.
3. 국가의 역할과 국민의 의무(4대 의무인 납세의 의무, 국방의 의무, 교육의 의무, 근로의 의무와 재산권 행사의 공공복리 적합 의무, 환경보전의 의무)를 주제로 토론해보자.
4. 사회복지학에서 법을 배워야 하는 이유를 토론해보자.

제2장
사회복지법의
개념과 의의

제2장 사회복지법의 개념과 의의

1. 사회복지법의 등장 배경

시민법으로부터 사회법으로의 역사적인 법 변동을 이해하고, 이를 통해 사회복지법의 등장과 개념, 특성을 이해한다.

1) 시민법

시민법은 근대 시민사회를 전제로 하여 출연한 법이다. 시민사회란 봉건 사회 이후 절대왕정이 지배했던 중상주의[1] 체제의 구질서를 무너뜨리고 자본주의 사회를 확립한 시민계급이 시민혁명을 통해 건설한 새로운 역사적 시대를 말한다. 시민계급은 봉건적 구속과 절대왕권의 통제로부터 자유와 평등을 주된 이념으로 하는 시민혁명을 달성하였다. 시민사회는 곧 자본주의 사회였으며, 법 앞에서 평등한 시민계급은 주로 부르주아[2]들로 이루어졌다. 이들은 자유방임적 시장경제 속에서 완전경쟁을 통해 자유로운 이윤추구 활동을 벌이게 되었다. 이 시기는 아직 프롤레타리아[3]가 계급으로서 등장하지 못한 시기였기에 자유와 평등은 곧 부르주아의 혁명

---

1 중상주의(Mercantilism)는 중세동안 서구사회의 가장 강력한 정치경제였다. 중상주의는 대략 15세기 중반부터 18세기 중반까지 약 300년간 유럽대륙을 지배하던 경제정책이자 경제사상을 지칭하는 용어이다. 중상주의에서 국가의 부는 무역을 중심으로 한 상업에서 생겨난다고 보았다. 수입을 제한하고 수출을 장려하는 정책을 폈으며, 자국 상품이 타국 상품에 대한 경쟁력을 가지기 위해서는 생산비를 절감해야 했다. 그렇게 하기 위해서는 원료의 값과 임금의 억제가 필요하였다. 따라서 노동자들은 저임금과 가혹한 노동으로 내몰리게 되었다(박광준, 2013).
2 자본가 계급에 속하는 사람. ↔ 프롤레타리아.
3 자본주의 사회에서 자기 노동력을 자본가에 팔아 생활하는 노동자. 임금 노동자. ↔ 부르주아.

전리품과도 같았다. 이것은 신분 사회에서 인간을 억압했던 각종 억압으로부터의 자유와 법 앞에서 만인이 평등하다는 형식적 의미의 평등을 의미하는 것이다. 시민법은 자본주의 경제사회의 초기 역사적 단계의 산물이다.

2) 시민법의 지도원리

봉건제도[4]를 무너뜨리고 성립한 근대사회의 기초법으로서의 시민법은 개인주의와 자유주의라는 당시의 시대사조를 배경으로 하여 개인을 봉건적인 여러 구속으로부터 해방하고 모든 사람을 평등하게 다루며 그의 자유로운 활동을 보장하는 것을 지도원리로 하여 출발하였다.

(1) 소유권 절대의 원칙

중세 봉건시대에는 재산권의 개인소유란 생각할 수 없었다. 특히 토지는 국가 또는 왕의 소유였다. 그러나 근대에 와서는 토지도 거래의 대상이 되고 사유재산권이 인정되었다(남윤봉, 2014).

각 개인의 재산에 대한 절대적 지배를 인정하여 소유권의 행사 및 처분을 개인의 자유에 맡기고 국가나 타인은 이에 간섭하거나 제한을 가하지 못한다는 것을 '소유권 절대의 원칙' 또는 '사유재산 존중의 원칙'이라고 한다. 소유권 절대의 원칙이 보장됨으로써 자신의 부를 축적하기 위한 개인적 경제 활동이 활발하게 이루어지는

---

4 토지를 중심으로 주종 관계를 맺는 중세의 제도로 엄격하게 계층화 되어 있었다. 봉건 사회에서 빈곤은 사회문제가 아니었다. 소위 '출생'이라는 단 하나의 사실이 자신의 운명을 결정지었다. 부와 빈곤은 변경할 수 없는 신분에 의해 결정되었기 때문에 인생에서 자연적이고 변경할 수 없는 상태라는 것으로 간주하고 있었다(박광준, 2013).

계기가 되었다. 근대의 경제적 발전이 이루어진 것은 사유재산권을 보장한 것이 크다고 할 수 있다.

(2) 계약자유의 원칙

모든 개인은 자유롭고 평등하며 인격자로서 존중돼야 한다. 이러한 개인주의에 바탕을 두고 개인은 사적 사회생활에서 자기의 자유로운 의사에 따라 생활 관계를 맺을 수 있고 누구의 간섭도 받지 아니한다는 사적자치의 원칙이 생겨난다(남윤봉, 2014).

개인이 자기의 법률관계를 그 의의에 따라 자주적으로 처리할 수 있다는 원칙으로 '사적자치의 원칙', '법률행위자유의 원칙'이라 하며 이 원칙은 개인과 개인의 자유로운 의사의 합치인 계약에서 가장 많이 나타나므로 '계약자유의 원칙'이라고도 한다.

계약자유의 원칙의 내용은 네 가지가 있다(남윤봉, 2014). 계약을 체결할 것인지 아닌지를 스스로 결정할 자유인 '계약체결 여부의 자유', 만일 계약을 체결하기로 하였다면 누구하고 계약을 체결할 것인지의 자유인 '계약체결 상대방 선택의 자유', 계약 내용을 무엇으로 할 것인지의 자유인 '계약 내용의 자유', 계약을 어떤 방식으로 체결할 것인지의 자유인 '계약체결방식의 자유'이다.

(3) 과실책임의 원칙

사람이 복잡한 사회생활을 하다 보면 타인에 대하여 일정한 책임을 지는 경우가 발생한다. 누구든지 타인에 대한 책임을 지기 위해서는 최소한 자신의 실수로 인한 원인이 제공되어야 한다. 아무런 잘못도 없는데 타인에 대한 책임을 진다는 것은 부당하고 불안하다. 이처럼 타인에 대한 일정한 책임을 지려면 최소한 과실에 의한 책임 원인이 있고, 그 원인으로 인해 타인에게 손해가 발생하여야 한다. 이것을 과실책임의 원칙이라고 한다.

개인이 타인에게 준 손해에 대해서 그 행위가 고의 또는 과실에 기인하는 경우에만 손해배상책임을 지울 수 있다는 원칙을 말하며 '자기 책임의 원칙'이라고도 한다. 즉, 고의나 과실이 없을 때 어떠한 책임도 지지 않는다는 원칙으로 과실이나 고의의 입증은 피해당사자가 지도록 하고 있다.

3) 사회법의 등장

사회법은 근대 사법인 시민법의 내용과 그 원리에 대한 수정·보완의 목적을 가지고 성립된 현대적인 법의 형태이다. 사회법은 자본주의의 부분적 모순을 수정하기 위한 법, 인간적인 생존권을 실현하기 위한 법이다. 자본주의경제가 산업자본의 단계에서 독점자본의 단계로 이행함에 따라 경제적 불평등과 인간소외의 사회병리 현상은 심화하였다. 이에 따라 자본주의 체제의 안정에 필요한 사회 조화 유지의 필요성을 인식하게 되었고, 궁핍한 생활을 하는 근로자 또는 빈곤자들의 인간적 생존을 보장하는 사회입법에 대한 요구를 점차 사회적으로 용인하게 되었다. 그 결과 노동기본권의 요구를 수용하기 위한 노동법과 사회보장권의 요구에 부응하기 위한 사회보장법 등이 등장하게 되었다. 사회법이라는 새로운 법 영역의 탄생은 기존의 공법과 사법을 중심으로 하는 법체계에 변화를 가져왔다. 사회법은 시민의 자유를 보장하는 사법의 원리인 소유권 절대의 원칙과 계약자유의 원칙에 공법적인 제한(가입의 강제, 권리의 포기나 압류 및 양도의 제한)을 가할 수 있도록 한 것이다.

자유와 평등을 기반으로 한 시민법의 3대 원칙은 자본주의제도의 법적 지주가 되어 자본주의 사회의 발전에 공헌하였다. 그러나 19세기 후반 자본주의가 고도로 발달하면서 시민법의 기본원칙은 새로운 국면에 직면하게 되었다. 즉, 자본주의가 진전함에 따라 사람들 사이의 빈부의 차는 점점 커져 갔고 노동자와 자본가 사이의 계급대립은 격화되어 갔다. 소유권 절대의 원칙은 유산자가 대다수 무산자를 지배하는 무기로 이용되어 무산대중에게는 한낱 장식물에 지나지 않았으며 계약의 자유는 경제적 강자의 경제적 약자에 대한 일방적 계약 강제 수단으로 전락하여 경제적 약자는 계약자유의 원칙하에 점점 더 계약의 자유를 잃어 갔다. 이러한 폐해의 근본적인 원인은 시민법이 사람을 추상적으로 자유롭고 평등한 인격자로서 파악한 데 있었다.[5] 사람을 구체적인 사회생활의 현실에서 파악하면 결코 자유롭고 평등하지는 않으며 사회적 및 경제적으로 커다란 차이가 있다.

4) 사회법의 지도원리

사회법은 시민사회의 자유권 중심적 원리와 자본주의 결합으로 인한 사회적 모순을 해결하는 과정에서 발달한 법의 영역이다. 사람을 추상적 인격자로서가 아니라 구체적인 인간으로서 직시하고 그

---

5 시민법은 추상적 인격체(Person)를 인식의 대상으로 하지만, 사회법은 구체적 인간 (Mensch)을 인식의 대상으로 출발하고 있다. 라드부르흐(G. Radbruch)는 '개인주의 법에서 사회법에로의 전환은 인격(Person)이 아니라 인간(Mensch)을 보려는 인간상 에 대한 법적 사고의 전환이다'라고 말한 바 있는데, 이 말은 사회법의 인정은 근대 법의 인간상과 현대 법의 인간의 모습이 다르다는 데서 출발하고 있다는 사실을 말 하고 있다. 사회법은 현실사회의 불평등 상태를 수용하고 이를 전제로 실질적 평등 과 인간적인 생존을 실현한다는 과제를 출발점으로 삼고 있다(김동복, 2017).

러한 구체적인 인간에게 실질적인 자유와 평등을 보장하여 '사람다운 생존'을 실현할 것을 목적으로 하는 새로운 지도원리를 요구하게 되었다. 시민법의 원칙에 대한 사회법의 지도원리는 다음과 같다.

(1) 소유권 절대의 원칙에 대한 수정(소유권의 사회성)

소유권의 행사는 절대적인 자유가 아니라 사회적·국가적인 이익을 위하여 필요한 제한과 구속을 당하여야 한다는 것이 당연시되었으며 공공복리와 권리남용금지의 법리가 적극적으로 도입되었다.

우리 헌법은 제23조 제2항에서 "재산권의 행사는 공공복리에 적합하도록 하여야 한다."라고 규정하고 있으며 민법 제2조 제2항에서 "권리는 남용하지 못한다."라고 규정하여 소유권은 절대의 권리가 아니며 공공복리를 위하여 제한될 수 있는 권리임을 명시하고 있다. 아무리 사유재산이라고 하더라도 그 재산을 사용함에는 선량한 풍속 기타 사회질서에 위반해서는 안 될 뿐만 아니라, 국민경제에 영향을 미쳐서는 안 된다. 따라서 국가는 이 원칙의 실천을 위해서 법적인 절차를 통하여 국민의 경제적·사회적 생활영역에 관여하게 된다.

(2) 계약자유의 원칙에 대한 수정(계약의 공정성)

계약자유의 원칙은 지나친 부의 편중을 낳게 하고, 자유와 평등은 말뿐이며 실질적으로는 부자유와 불평등을 심화시켜, 경제적 약자는 궁핍할 수밖에 없는 자유만이 존재할 뿐이었다.

계약자유의 원칙에 대한 제한은 고용계약서에 잘 나타나고 있다. 고용계약에서의 제한 없는 계약자유는 실질적으로 경제적 약자인 노동자의 무보호를 의미하며 이러한 형식적 자유는 경제적 강자의 명령 자유와 경제적 약자의 복종 자유로 전락하였다. 경제적 약자의 보호를 위하여 강자의 계약자유를 어느 정도 제한할 필요가 있고 이에 따라 노동법이라는 특별한 법 영역이 등장하였다.

(3) 과실책임의 원칙에 대한 수정[무과실책임(집합적 책임)]

과실책임의 원칙은 특히 기업의 책임과 관련하여 수정되었다. 19세기 후반 이후 기계문명의 급격한 발달과 자본주의의 발전은 대규모의 공장시설을 이룩하게 되었고 노동자의 신체나 재산상에 중대한 손해를 입히게 되었다. 그리고 이 위험 중에는 기업가가 세심한 주의를 기울여도 불가피하게 발생하는 경우가 많았다. 따라서 이와 같은 손해에 대해 과실책임의 원칙만으로 피해자의 구제를 도모할 수 없게 되어 무과실책임(집합적 책임)으로 전환이 이루어졌다.

무과실책임의 원칙은 손해배상책임의 사회성을 인정한 것으로써 비록 개인의 과실은 없다고 하더라도 손해를 받은 상대방의 생활 보장을 위한 사회적 책임의 입장에서 그 손해를 발생시킨 시설 때문에 이익을 받은 자에게 손해배상의 책임을 묻는 것이다. 산업재해보상보험법에서 사용자가 산업재해에 관해 공동부담을 하게 되는데, 이것은 집합적 책임을 인정한 것이다.

집합적 책임의 원칙은 재해, 질병, 빈곤 등의 본질적인 원인이 개인의 결함에 있는 것이 아니라 사회구조 자체에 있다는 것을 인식하고 사회가 공동으로 책임질 수 있는 제도를 마련해야 한다는 것을 의미한다.

▌시민법과 사회법의 비교

구분	시민법(근대법) : 자본주의적 법질서	사회법(현대법) : 수정자본주의적 법질서
이념과 사상	자유주의, 자유 방임주의	집단주의, 사회민주주의
경제체제	자본주의 초기(상업·산업자본 주의)	독점자본주의, 수정자본주의
국가의 역할	국가는 시민사회의 질서 유지 자로 권리의 다툼이나 질서 문 란에 대해 사후적 대응, 경제 생활에 대해서는 개입, 간섭, 통제, 조정하지 않았음	경제발전을 위해 사전에 개 입·통제·조정하게 됨(시장기 구에 대한 통제·조정, 공공사 업을 통한 경기 회복 주도)
권리	자유권	사회권(생존권, 복지권)
인간관	평등한 추상적 인간	불평등한 현실적 인간
법 원리	• 소유권 절대의 원칙 • 계약자유의 원칙 • 과실책임의 원칙	• 소유의 사회성-소유권 행사 의 제한 • 계약의 공정성-특정 계약행 위의 금지 • 집합적 책임-무과실책임의 인정
법 영역	민법, 상법	노동법, 경제법, 사회복지법

출처: 남기민·홍성로(2015), p. 42.

2. 사회복지법의 개념

사회복지법은 사회복지에 관한 법이다. 사회복지법은 만족스럽고 안락한 삶을 누리기 위한 사회 구성원들의 노력에 관한 행위규범[6]이다. 사회복지법의 개념은 형식적 의미의 사회복지법과 실질적 의미의 사회복지법으로 나눌 수 있다(남기민·홍성로, 2015).

---

6 행위규범이란 사람에게 어떠한 행위를 명하거나 금지하는 것에 관한 판단의 근거가
되는 준칙이다.

1) 형식적 의미의 사회복지법

형식적 의미의 사회복지법은 사회복지법전이라는 외적 형식을 갖춘 법규를 말한다. 독일은 사회입법에 관련된 모든 규정이 있는 독립적인 사회법전과 같은 형식의 총괄 법전이 있다. 이처럼 하나에 체계적으로 모아 놓으면 사회복지법의 범주가 명확하다. 하지만 우리나라는 사회복지에 관한 법률이 각기 개별법의 형태인 개별법 체계로 사회복지법이 구성되어 있어 개념 규정에 한계가 있다. 따라서 사회복지 관련 개별 실정법들을 형식적 의미의 사회복지법으로 보아야 한다. 형식적 의미의 사회복지법에는 사회보험법, 공공부조법, 사회서비스에 관련된 법률만 포함된다.

2) 실질적 의미의 사회복지법

실질적 의미의 사회복지법은 법적 존재 형식이나 명칭과 관계없이 법규범의 내용, 목적, 기능 등이 사회정의, 사회 형평, 사회연대, 사회통합, 인간다운 생활, 행복권 등과 같이 사회복지법 규범에 내재하는 공통된 법원리나 가치에 부합되는 법규를 의미한다.

실질적 의미의 사회복지법은 좁은 의미의 사회복지법과 넓은 의미의 사회복지법으로 구분할 수 있다.

좁은 의미의 사회복지법은 윌렌스키와 르보(Wilensky & Lebeaux)의 잔여적 개념에 따른 사회복지에 관한 법이라고 할 수 있다. 사회복지법의 대상을 사회적 도움이 필요한 사회적 취약계층으로 한정한다. 잔여적 개념으로서의 사회복지는 가족과 시장을 통해 각 개인의 욕구가 충족될 수 있음을 전제로 하고 있으며, 가족과 시장이 기능을 원활히 수행하지 못할 때 생기는 문제를 보완 또는 해소하기 위한 것으로 이해한다. 이 개념의 사회복지법은 현대사회에서 스스로 자신의 생활을 영위하지 못하는 사회적 약자들에 대해서 제한적으로 도움을 제공하는 노력과 관련된 법규범이다. 노인복지법, 아동복지법, 영유아보육법, 장애인복지법과 국민기초생활보장법, 의료급여법 등이 해당한다.

넓은 의미의 사회복지법은 윌렌스키와 르보(Wilensky & Lebeaux)의 제도적 개념에 따른 사회복지법이다. 사회복지법의 대상을 모든 국민으로 본다. 제도적 개념으로서의 사회복지는 현대사회에서 가족과 시장을 통해 모든 욕구를 충족시킬 수 없으므로 사회를 유지하기 위해 독특하고 필수적인 기능을 수행해야 한다고 주장한다. 즉, 사회 구성원 간의 상부상조는 다른 사회제도의 기능과는 구별되며, 독립적으로 수행되는 별도의 제도라는 것이다. 이 개념의 사회복지법은 전 국민의 물질적 · 정신적 · 사회적 기본 욕구를 해결함으로써 인간다운 생활을 영위하는 모든 사회적 서비스와 관련된 법률을 의미한다. 좁은 의미의 사회복지법을 포함하여 사회보험법, 보건, 주거, 교육, 고용 등 인간다운 생활이 보장될 수 있도록 지원하는 각종 관련 복지제도에 관한 법률들이다.

3. 사회복지법의 특성

사회복지법은 사회복지의 이념과 가치를 구체화하는 법이다. 사회복지법이 다른 법들과의 관계 속에서 독특하고 고유한 기능을 이해하는 것은 사회복지법의 독자적인 존립 근거를 규명하는 것이다.

일반적으로 법은 법이 다루려고 하는 사회현상, 법이 추구하는 이념, 법의 적용 범위로 독자적인 성격을 규명할 수 있다(김훈, 2012).

사회복지법의 성격을 이 세 가지 요소로 규명하면 다음과 같다.

첫째, 사회복지법은 사회복지 현상을 다루는 법이다.

사회복지 현상이란 사회현상의 한 부분으로 현재 또는 미래의 인간다운 삶을 저해하는 여러 문제와 그로 인해 고통을 받는 인간들과 그 문제를 완화하거나 제거하려는 모든 사회적 노력으로 이루어진 인간사회의 현상이다.

둘째, 사회복지법은 생존권 보장을 이념으로 하는 사회법이다.

사회법이 보장하려는 권리인 생존권은 헌법에 보장된 기본권이다. 생존권은 국민이 자신의 최저생활을 유지하는 데 필요한 조건을 국가가 확보해 주도록 요구할 수 있는 권리로서 발달한 것이다. 자본주의의 발달로 인한 모순을 해결하기 위하여 인간다운 생활의 보장에 관심이 쏠렸고, 20세기에 들어서 독일 바이마르 헌법7에서 인간다운 생활을 위한 생존권을 보장하는 규정을 둔 이후로 생존권이 국민의 중요한 권리가 되었다.

셋째, 사회복지법은 사회복지에 관한 국내법이다.

국내법은 한 국가의 법이다. 국내법은 국적을 기본으로 하여 대한민국 국민을 대상으로 하며, 지리적으로는 대한민국 영토 내에서 적용되는 법이다.

사회복지법은 대한민국의 법체계 속에서 사회복지 현상을 다루

---

7 독일의 바이마르 헌법은 1919년 제151조 제1항에 "경제생활의 질서는 모든 시민에게 인간다운 생활을 보장하는 목적을 갖는 정의에 적합하지 않으면 안 된다.", "소유권은 의무를 수반한다."라는 규정 등에 의해 생존권을 보장하고 있다. 우리나라 헌법 제34조 제1항에서도 "모든 국민은 인간다운 생활을 할 권리를 가진다."라고 규정하여 국민의 기본권으로서 생존권의 원칙을 밝히고 있다. '인간다운 생활'이란 인간의 단순한 생물학적 생존뿐만 아니라 인간의 존엄성에 상응하는 건강하고 문화적인 생활을 누리는 생존을 말한다.

는 국내 법규범의 총체이다. 그러나 때에 따라서는 국제법도 국내
법의 효력을 갖는다. 우리나라와 각국 간에 체결된 사회보장협정과
우리나라가 회원국으로 있는 국제기구(UN, ILO, OECD 등)의 각종 선
언문이나 권고안이 있다.[8]

4. 사회복지법과 타법과의 관계

　사회복지법의 고유성과 독자성을 확보하고, 사회복지법의 개념
범주를 명확하게 설정하기 위해 사회복지법과 헌법, 노동법, 행정
법, 조세법, 민법과의 관계를 알아보고자 한다.

1) 헌법과 사회복지법

　헌법은 국가의 기본법으로서 사회복지영역에서도 그 원칙과 방
향을 제시하는 중요한 법이다. 헌법에 보장된 생존권은 국가가 적
극적으로 정책을 마련해야 하고, 그것을 구체화할 법 제정이 필요
하게 된다. 사회복지법은 헌법에서 보장된 생존권을 구체적으로 실
현하기 위하여 제정된 입법이다.

　헌법과 사회복지법은 상위법과 하위법의 관계에 있다. 헌법은
국가의 기본법으로서 모든 법 가운데서 최상위의 법이다. 헌법은
사회복지법을 지도하고 있는 최고의 규범이다. 사회복지법은 상위
규범인 헌법에 구속되어 그것을 위반할 수 없으며, 동시에 상위규
범인 헌법의 추상성을 구체화하는 역할도 한다. 사회복지법은 헌법

---

8 헌법 제6조에서 "체결, 공포된 조약과 일반적으로 승인된 국제법규는 국내법과 동일
　한 효력을 가진다."라고 규정함으로써 사회복지에 관한 사항을 내용으로 하는 국제
　조약이나 국제법규는 국내법과 같은 지위를 갖는다.

에 근거하여 제정된 법이므로 헌법 규정을 위반한 사회복지법은 위헌법률이 되며 그 효력이 상실된다.

우리 헌법 제34조에서는 "모든 국민은 인간다운 생활을 할 권리를 가진다.", "국가는 사회보장·사회복지 증진에 노력할 의무를 진다."라고 규정함으로써 국민의 생존권 보장의 이념을 천명하고 국가의 사회보장·사회복지 증진 의무를 헌법상 명시하여 국민의 생존권을 보장하고 있다.

2) 노동법과 사회복지법

노동법은 자본주의 사회의 법질서를 전제로 하여 성립한 종속적 노동관계를 대상으로 근로자의 생존을 확보하려는 목적을 가진 법이다. 자본주의 사회에서 근로자는 노동이라는 상품을 노동시장에 공급하여 생존을 유지하는 자이며, 자본가는 노동인 상품을 구매하여 다른 생산수단과 결합해 영리를 추구해 나가는 자이다. 그런데 구체적 현실에 있어서 자본가는 대자본과 기계를 소유하는 자이기 때문에 근로계약은 항상 자본가의 영리 추구에 유리하도록 체결되어 결국 근로자의 생존이 위협을 받게 된다. 이러한 근로계약의 종속성, 불평등성을 제거하고 실질적인 자유, 평등을 통해 근로자의 인간다운 생활을 확보해 주려는 법규범이 노동법이다(김향기, 2018).

상품으로서의 노동은 다른 일반상품과는 달리 축적할 수가 없다. 노동력 제공을 유일한 생활의 수단으로 삼고 있는 근로자에게 노동의 축적은 실업, 즉 생존의 위협을 의미할 뿐이다. 근로자들은 노동력의 대가가 많건 적건 간에 일하지 않을 수 없다. 이와 같은 인간 노동의 성격으로 인하여 최소한 노동 인격의 확보를 위하여,

일정 기준 노동의 대가와 기타 근로조건을 보장해 줄 필요가 있다는 것이다.

노동법과 사회복지법은 사회법에 포함된다. 노동법과 사회복지법은 빈민법을 그 기원으로 한다. 1601년 빈민법의 대상은 노동능력 있는 빈민, 노동능력 없는 빈민, 요보호아동이었다. 노동능력 있는 빈민을 대상으로 발전한 법이 노동법의 전신이라 할 수 있는 1833년 영국의 공장법[9]이다. 노동능력이 없는 빈민을 대상으로 발전한 법이 오늘날의 공공부조법이다.

노동법과 사회복지법은 인간다운 생활을 보장하기 위한 생존권에 기초하여 사회법 원리를 실현하기 위한 법이라는 점에서 동질성을 갖는다. 그러나 노동법은 노동자의 권익을 위한 법으로써 노동자라는 신분을 가지고 있는 자를 대상으로 한다. 노동자가 아닌 일반인의 보호가 가능한 입법이 필요하였다. 이런 필요 때문에 나타난 것이 사회복지법이다. 노동법이 노동계약 관계를 매개로 하여 노동자의 생존권 실현을 목적으로 하는 법이라면, 사회복지법은 모든 국민에 대하여 직접 생존권을 실현하기 위한 법이다.

3) 행정법과 사회복지법

행정법은 행정에 관한 법이다. 행정법은 행정권을 중심으로 행정권의 조정, 작용, 행정구제에 관한 법이다.

사회복지급여는 국가에 의한 사회복지 행정을 통해 국민에게

---

9 공장법은 공장에서 비인도적인 처우를 받는 아동을 위해 만들어진 법으로서, 아동의 노동조건과 작업환경을 개선하기 위한 목적을 갖는다. 아동의 야간 노동 금지, 9세 이하 아동의 고용금지, 공장 감독관의 파견, 노동 아동에 대한 초등교육, 위생환경의 개선 등을 실시하였다.

전달된다. 따라서 사회복지법은 기본적으로 행정법적 속성을 가지고 있다고 보아야 할 것이다.

행정법과 사회복지법은 상호 밀접하게 관련되어 있지만 몇 가지 측면에서 차이가 있다. 행정법이 국가의 행정권을 확보하는 법이라면, 사회복지법은 국민의 생존권을 확보하는 법이다. 또한 행정법이 급여 주체의 하나인 국가조직과 급여 및 서비스 전달과 절차에 관련된 법이라면, 사회복지법은 국민의 생존권 확보를 위한 국가책임이라는 규범 목적을 달성하기 위한 기술적이고 절차적인 법이라는 점에서도 차이가 있다.

4) 조세법과 사회복지법

조세법과 사회복지법은 그 본래의 목적은 다르지만, 특정 기능에서 유사한 점이 있다. 조세법의 소득공제제도와 조세감면제도[10]는 소득재분배 효과가 있으므로 소득 불평등을 감소시키며, 저소득층 보호 효과가 있으므로 사회복지법의 기능과 같은 부분이 있다.

조세법과 사회복지법의 차이는 첫째, 입법 목적상의 차이이다. 조세법은 국가가 그 경비를 충당하기 위해 국민에게 구체적 대가 없이 조세를 강제 징수하여, 불특정 다수의 국민을 위한 사업에 활용한다. 사회복지법은 특정인을 대상으로 급여를 제공한다는 측면에서 서로 차이가 있다.

둘째, 반대급부의 면에서도 명확히 구별된다. 조세법의 경우 납부한 조세에 대해 국민이 국가에 대해 구체적으로 반대급부를 요

---

10 조세감면제도는 경제적 필요(needs)를 고려하여 다양한 형태로 총소득에서 과세 대상을 제외해서 세금을 줄여주는 제도이다.

구할 수 없는 반면, 사회보험법은 보험료를 납부한 대신 보험급여에 대한 권리를 갖게 된다.

5) 민법과 사회복지법

민법은 개인의 일상 보통의 사적 생활 관계를 규율하는 원칙적인 법으로 사법에 속한다. 민법은 개인 당사자 간의 법률관계를 규정하는 법으로 사법적 요소가 강하지만, 사회복지법은 국가와 개인 간의 법률관계, 즉 공법적 요소가 강하다는 측면에서 차이가 있다.

민법과 사회복지법은 두 가지 측면에서 유사점이 있다.

첫째, 사회복지법에는 "민법에 해당 조항을 준용한다."라는 규정이 많다. 이처럼 사회복지법은 사법적 요소를 가지고 있다. 사회복지사업법 제32조에서는 "법인에 관하여 이 법에서 규정한 사항을 제외하고는 「민법」과 「공익법인의 설립·운영에 관한 법률」을 준용한다."라고 규정하고 있다. 민법의 내용과 방법이 사회복지법률 관계에 적용된다.

둘째, 민법에는 "친족은 서로 부양의 의무가 있다."라고 규정하고 있다. 일반적으로 부양의무자가 피부양자를 부양하도록 한 것은 피부양자의 인간다운 생존을 목적으로 하는 사회복지법과 상호보완적이면서도 중복되는 측면이 있다. 국민기초생활보장법 제8조 제2항을 보면, "생계급여 수급권자는 부양의무자가 없거나, 부양의무자가 있어도 부양 능력이 없거나 부양을 받을 수 없는 사람으로서 그 소득인정액이 제20조 제2항에 따른 중앙생활보장위원회의 심의·의결을 거쳐 결정하는 금액 이하인 사람으로 한다."라고 규정하고 있다.

생각해 볼 문제

1. 사회복지와 관련되어 활동하고 있는 시민단체를 알아보고 주요 활동이 무엇이 있는지 알아보자.
2. 불공정 계약의 사례를 찾아보고 토론해보자.

제3장
권리로서의 사회복지

제3장 권리로서의 사회복지

사회복지법에서 권리는 법의 적용을 받는 대상자들을 권리의 주체로서 인정하고 사회복지 급여와 서비스에 대한 이익을 추구할 힘을 법이 부여해 준 것이다. 사회복지법에서 권리는 인권으로부터 출발하여, 기본권, 사회복지수급권으로 구체화하였다.

1. 인권

사회복지는 인간의 가장 기본적 권리인 인권을 실천해 왔다(김수정, 2019). 인권은 인간이 인간으로서 마땅히 누려야 할 가장 기본적인 권리이다. 건강하고 최소한의 삶의 질을 누리면서 인간의 자유와 존엄성을 침해받지 않고 살아갈 수 있는 권리이다. 인간이 인간 자체로 지닌 존귀함을 인정하고 신분·인종·성별 등 어떤 이유로도 차별받지 않을 권리가 있다는 것에서 출발한다. 그러나 갖가지 차별 제도가 철폐되기까지는 오랜 세월에 걸친 시민혁명과 정치적 개혁 과정에서, 많은 희생이 따라야 했다.

근대 이전 절대왕정 시대에는 왕이 모든 국가권력을 독점하고 있었고 신분에 따라 모든 것이 결정되었다. 천부인권이라는 용어가 이 시기에 등장하게 되는데, 이것은 왕의 법에 대항하기 위해 '하늘이 부여한 인간의 권리'라는 뜻으로 나타났다. 이것은 왕에게 독점되었던 권리를 사람들에게 되돌려주는 중요한 근거가 되었고 시민혁명을 이끌었다. 천부인권은 왕권에 대항할 수 있는 중요한 무기였는데, 그 당시 대부분의 철학 또는 정치사상가들이 기독교적 가치관을 배경으로 하고 '신'의 존재를 인정하고 있었으므로 '신'이 부여한 자연권[1]은 어떤 명분으로도 침범하기 어려운 영역이었기 때문이다. 이러한 배경으로 등장한 시민혁명에서의 인권은 '자유'를 내세우며 인권을 옹호하는 것이 국가권력의 존재 이유로 보았다.

미국은 1776년 '버지니아 권리장전'에서 국민주권과 더불어 인권을 천부적 자연권으로 규정했으며, '미국 독립선언'은 인권에 자연법적 기초를 부여하고 생명, 자유, 행복 추구의 권리를 천부적 권리로 선언했다. 프랑스도 1789년 시민혁명을 통해 '인간과 시민의 권리선언'을 채택한 후 유럽 최초 성문 헌법을 제정하여 국민의 기본권 보호에 노력했다.[2][3]

오늘날에는 인권과 기본권을 절대적으로 구별하기보다는 대체로 같은 것으로 보면서, 모두 헌법의 이념적 출발점이자 궁극적으로 인간의 존엄성 실현을 위해 모든 국가권력을 구속하는 헌법적 권리로 인식하고 있다.

2. 시민권의 개념

마샬(Marshall, 1963)은 '시민권과 계급에 관한 연구'에서 18세기부터 20세기에 이르기까지 영국의 시민권 발달을 고찰하였다. 마샬은 시민권을 공민권(civil right), 참정권(political right), 사회권(social right)으로 구분하고, 사회권이 복지국가 이념의 기초가 되었음을 주장하였다. 시민권을 구성하는 세 가지 권리는 각각 상호독립적이

---

1 자연권은 모든 사람이 태어나면서부터 갖게 되는 고유한 권리이다.
2 인권의 역사적 발전과정: 1215년 영국 대헌장 – 1688년 영국 명예혁명 – 1776년 미국 독립 혁명 – 1789년 프랑스 혁명 – 1919년 독일 바이마르 헌법 – 1948년 세계 인권 선언 – 1966년 국제인권규약.
3 명예혁명, 미국 독립 혁명, 프랑스 혁명을 세계 3대 시민혁명이라 일컫는다.

지만 누적적 과정을 통해 발전해왔다. 오늘날 현대국가에서는 공민권, 참정권, 사회권의 권리가 통합된 형태로 인정되고 있다.

1) 공민권

근대 시민혁명 이후 시민계급은 자유적 이념에 따라 국가권력으로부터 개인의 자유를 방어하기 위한 권리의 개념으로 자유를 추구하였다. 즉, 부르주아 시민계급이 자유롭게 경제활동을 할 수 있도록 국가의 간섭으로부터 자유로워지기 위한 방어벽의 성격으로 공민권을 추구하였다. 공민권은 신체의 자유, 언론 및 사상의 자유, 신앙의 자유, 사유재산 보장, 계약 자유, 법 앞에서의 만인 평등과 같은 자유권을 의미한다. 이 시기의 자유는 시민에게 '무엇을 하기 위한 자유'라는 적극적 의미보다는 '무엇으로부터의 자유'라는 소극적인 자유를 보장해 주었다.

2) 참정권

정치영역에서의 시민권이라 할 수 있는 참정권은 시민혁명의 산물로 등장하였다. 의회에 시민계급의 대표가 진출하기 시작하고, 점차 노동계급으로 확대되는 역사적 과정을 거치게 되었다. 1인 1표제에 따라 투표로 민주주의를 실현할 수 있게 됨으로써 정치적 의미에서의 평등권이 보장되었다.

3) 사회권

사회권은 적정 수준의 경제적 복지 및 보장과 사회적 유산의 공유, 보편적인 기준에 따라 문명화된 삶을 영위할 수 있는 권리와 같은 모든 범위의 권리를 의미한다. 공민권의 자유권적인 한계를 넘어 참정권을 매개로 국가가 적극적으로 노동계급, 나아가 전 국민의 생존권을 보장해 줄 것에 대한 합의가 사회권을 구성하게 되었다. 공민권 단계에서 야경국가적 상황에 있던 국가는 이제 적극적 개입에 대한 권리와 의무를 갖는 복지국가의 지위를 갖게 되었다.

▌시민권의 성장

구분	공민권	정치권	사회권
전형적 시기	18세기	19세기	20세기
주요 원칙	개인적 자유	정치적 자유	사회복지
전형적 조치	구속적부심사[4] 표현, 사고, 신앙의 자유 법적 계약의 자유	투표권 의회개혁 국회의원 보상	무상교육, 연금, 의료보장(복지국가)
→ 누적적 →

출처: 윤홍식 외(2019), p.162

3. 기본권

　인권은 헌법에 규정됨으로써 실정법적 권리를 의미하는 기본권이 된다. 우리나라 헌법 제10조에는 "모든 국민은 인간으로서의 존엄과 가치를 가지며, 행복을 추구할 권리를 가진다. 국가는 개인이 가지는 불가침의 기본적 인권을 확인하고 이를 보장할 의무를 진다."라고 규정하고 있다. 기본권은 자유권, 평등권, 사회권, 참정권, 청구권 등으로 나눌 수 있다.

---

4 누구든지 체포·구속을 당했을 때 그 적부의 심사를 법원에 청구할 수 있는 권리.

기본권 유형	기본권 보장 내용	조항
기본적 인권 (포괄적 기본권)	인간의 존엄성과 가치, 행복추구권, 국가가 기본적 인권 보장	제10조
평등권	법 앞에서의 평등, 성별 · 종교 · 차별 받지 않을 권리	제11조
자유권적 기본권 (자유권)	신체의 자유, 사생활의 자유, 정신적 자유 등	제12조~제22조
경제적 기본권	재산권, 직업선택의 자유, 소비자의 권리	제15조, 제23조
정치적 기본권	참정권, 정치적 자유권	제24조
청구권적 기본권	청원권, 재판청구권, 국가 배상청구권, 국가 보상청구권 등	제26조~제30조
사회적 기본권	인간다운 생활을 할 권리, 근로권, 근 로 3권, 교육권, 환경권, 건강권 등	제31조~제36조

4. 생존권

기본권 중에서 사회복지법상 규범적으로 가장 중심이 되는 권리는 인간다운 생활을 할 권리인 생존권이다. 생존권은 1919년 독일 바이마르 공화국 헌법에 최초로 규정되었으며, 이후 각 나라에 계승되었다. 생존권은 헌법 규범들의 이념적인 목표를 제시하고 있는 동시에 국민이 자신의 최저생활 유지를 위해 필요한 조건을 국가가 확보해 주도록 요구할 수 있는 권리이다.

생존권과 관련된 우리나라 헌법 조항은 제34조이다.

제34조 ① 모든 국민은 인간다운 생활을 할 권리를 가진다.
② 국가는 사회보장 · 사회복지의 증진에 노력할 의무를 진다.

③ 국가는 여자의 복지와 권익의 향상을 위하여 노력하여야 한다.

④ 국가는 노인과 청소년의 복지향상을 위한 정책을 실시할 의무를 진다.

⑤ 신체장애자 및 질병·노령 기타의 사유로 생활능력이 없는 국민은 법률이 정하는 바에 의하여 국가의 보호를 받는다.

⑥ 국가는 재해를 예방하고 그 위험으로부터 국민을 보호하기 위하여 노력하여야 한다.

제1항에서 "모든 국민은 인간다운 생활을 할 권리를 가진다."라고 규정하여 국민의 기본권으로서 생존권의 원칙을 밝히고 있으며, 사회복지법의 근거라고 할 수 있다. 인간다운 생활을 할 권리가 실현될 수 있도록 제2항에서는 "국가는 사회보장·사회복지의 증진에 노력할 의무를 진다."라고 규정하고 있다. 사회보장·사회복지는 국민의 생활 보장을 목적으로 하는 국가의 종합적인 시책이다. 제3항에서 "국가는 여자의 복지와 권익의 향상을 위하여 노력하여야 한다."라고 규정하고, 제4항에서 "국가는 노인과 청소년의 복지향상을 위한 정책을 실시할 의무를 진다."라고 규정하고 있으며, 제5항에서는 "신체장애자 및 질병·노령 기타의 사유로 생활능력이 없는 국민은 법률이 정하는 바에 의하여 국가의 보호를 받는다."라고 하여 생활능력이 미흡하거나 그 능력을 상실한 사람들에게 국가가 특별히 관심을 보이도록 한 것이다. 제6항에서 "국가는 재해를 예방하고 그 위험으로부터 국민을 보호하기 위하여 노력하여야 한다."라고 하여 국가의 재해를 예방할 의무를 명확히 하고 있다.

1) 생존권의 법적 성격

헌법상 생존권의 법적 성격을 어떻게 보느냐에 따라 그 보장의 정도가 달라질 수 있다. 생존권의 법적 성격에는 프로그램 규정설과 법적 권리설이 있으며, 법적 권리설은 다시 추상적 권리설, 구체적 권리설로 나뉜다(김기원, 2019).

(1) 프로그램 규정설

프로그램 규정설에 따르면 생존권은 권리로서 인정하지 않는다. 생존권은 그 자체로서 구체적이고 현실적인 권리가 아니라 입법에 따라 구체화할 때 비로소 효력을 갖게 된다는 것이다. 프로그램 규정설을 입법방침 규정설이라고도 한다. 현실적으로 직접 적용되지 않고, 입법자에게 입법방침을 지시하는 규정이라고 주장한다. 즉, 헌법상의 생존권은 입법권만을 구속하고, 행정권과 사법권을 구속하지 않는다고 본다. 따라서 그 실시는 국가의 자유재량이며, 일종의 반사적 이익에 속한다. 국민은 인간다운 생활에 필요한 급여를 구체적으로 청구할 수 없으며, 국가는 입법할 정치적 도의적 책임을 지는 데 불과하다.

헌법은 사유재산제도를 전제로 하고 있으므로 국가가 국민의 모든 삶을 책임지지 않고 있으며, 생존권은 일종의 반사적 이익으로 국가의 행정적, 재정적 능력에 의존한다. 따라서 사회복지사업은 정부가 예산의 범위 내에서 재정 능력의 한도 내에서 행정적으로 가능한 범위 내에서 실시할 수 있다. 즉, 생존권은 국가의 재정적 실현 가능성과 행정적 실현 가능성의 범주 내에서만 실현되는 권리이다.

(2) 법적 권리설

법적 권리설은 생존권에 관한 법 규정은 법적인 권리로서 국민은 사회복지의 혜택을 누릴 권리가 법으로 보장되어 있으며, 국가는 이를 이행할 의무가 있다는 학설이다.

법적 권리설은 추상적 권리설과 구체적 권리설로 나뉜다.

추상적 권리설은 국민은 국가에 대해 사회복지 혜택을 받을 추상적 권리를 가지고 국가는 입법, 기타 국정상 필요한 조치를 마련할 추상적 의무를 진다고 보는 학설이다. 구체적인 권리를 보장하고 있지 않다고 해서 생존권이 법적 권리가 아니라는 것은 아니며, 국민은 국가에 대하여 입법과 기타의 조치를 요구할 추상적 권리를 가진다.

구체적 권리설은 생존권이란 헌법에 보장된 권리이며 헌법상의 의무이기 때문에 국민은 국가에 대해서 적극적으로 입법을 요청할 권리가 있으며, 국가는 이에 대해 적극적으로 응해야 할 의무가 있다. 따라서 사회복지에 관한 입법이 없거나, 있더라도 그 내용이 불충분한 경우에는 법률의 제정이나 개정을 요구할 수 있는 것이다.

사회복지법에 명시되어 있는 권리들은 헌법에 보장된 인간다운 생활을 보장하기 위한 사회보장급여로 생존권을 구체화하는 권리이다. 따라서 사회보험법, 공공부조법, 사회서비스법을 통하여 구체적으로 보장된 권리이므로 국민은 국가에 대해 급여를 요청할 수 있는 법적인 권리가 있으며 국가는 이에 대해 적극적으로 응해야 할 의무가 있다. 그러나 국가가 법률상의 사회보장수급권을 보장하지 못한 경우에 국민은 국가를 대상으로 한 소송 등을 통하여 권리를 구제받을 수 있다.

구체적으로 각 법률을 각각의 학설에 연결하기는 어려우나 프로그램 규정설에 생활보호법, 법적 권리의 추상적 권리설에는 국민기초생활보장법, 구체적 권리설에는 사회보험법이 해당한다고 볼 수 있다.

사회보험법의 권리는 사회보험의 재원이 강제가입에 의한 기여로 자신의 사회적 위험에 대비하여 보험료를 부담함으로써 급여를 받기 때문에 사회보장급여 권리성이 공공부조법의 권리나 사회서비스법의 권리에 비해 매우 강하다.

▌생존권의 법적 성격

구분		구체성	적극성	권리의 강도	법적 권리
프로그램 규정설		매우 약함	매우 미약	매우 미약	법적 권리 아님
법적 권리설	추상적 권리설	약함	미약	미약	법적 권리임
	구체적 권리설	매우 강함	매우 강함	매우 강함	법적 권리임

출처: 김기원(2019), p.149

5. 사회복지수급권

헌법에 나타난 생존권을 좀 더 구체적으로 표현한 것이 개별법에 따른 사회복지수급권이라고 할 수 있다. 사회복지수급권이란 사회복지법상 사회복지급여를 받을 수 있는 권리로 사회복지에 대한 급여청구권을 말한다.

사회복지법을 통해 국가는 개인들에게 급여나 서비스를 제공하고 이때 국가와 국민은 급여 및 서비스를 매개로 법률관계가 형성되며, 국민은 급여나 서비스를 청구할 수 있는 권리를 가지고 국가는 이에 대한 의무를 지게 된다. 이때 개인이 개별 법률에 근거하여 갖는 청구권으로 이러한 사회복지수급권은 인권이나 기본권보다 구체적이고 직접적인 권리라고 할 수 있다(김수정, 2019).

1) 사회복지수급권의 규범적 구조

사회복지수급권의 규범적 구조란 사회복지법상의 수급권의 내용과 형식의 체계화를 말한다(김훈, 2012). 사회복지수급권의 규범적 구조는 일반적으로 실체적 권리, 수속적 권리, 절차적 권리로 구분된다(남기민·홍성로, 2015).

(1) 실체적 권리

실체적 권리는 사회복지수급권이 보장되는 핵심적인 권리이다. 실체적 권리는 사회복지대상자들이 해당 사회복지법에 따라 실체적인 사회복지급여를 청구할 수 있는 구체적인 권리인 사회복지급여청구권을 말한다. 실체적 권리의 내용에는 수급권자, 수급 요건, 급여 종류, 급여 수준, 재정 조달, 전달체계, 수급권의 보호와 제한 등이 포함되어야 한다. 실체적 권리의 유형에는 사회보험 관련법에 따른 사회보험급여청구권, 공공부조 관련법에 따른 공공부조급여청구권, 사회서비스 관련법에 따른 사회서비스급여청구권이 있다.

(2) 수속적 권리

수속적 권리는 사회복지급여를 받기 위해 적절한 절차에 참가하는 권리를 말한다. 즉, 수급권자가 사회복지급여청구권의 실현을 위한 일련의 과정이 본래의 수급권 보장의 목적에 알맞게 진행되어야 할 것을 요구하는 권리를 말한다.

사회복지급여를 받기 위해서는 복지대상자의 신청에서 시작하여 조사를 거쳐 수급권의 내용이 결정되고 마지막에 급여가 시행되는 일련의 모든 과정이 필요한데, 이 모든 과정이 인간다운 생활에 알맞게 전개되도록 요구하는 권리이다.

수속적 권리의 내용은 수속 전 단계와 수속단계로 나눌 수 있는데, 수속 전 단계에서 권리는 사회복지급여에 대한 각종 정보를 요구하는 권리, 상담과 조언을 요구할 수 있는 권리, 각종 사회복지기관을 이용할 권리가 있다. 수속단계에서 권리는 신청, 조사, 결정, 실시의 각 단계에서 사회복지대상자의 권리가 침해되지 않도록 진행될 것을 요구하는 권리이다.

(3) 절차적 권리

절차적 권리는 실체적 권리의 실현이 보장되지 않는 경우 보전, 이행, 강제를 구체적으로 실현하는 절차와 관계된 권리를 말한다. 절차적 권리에는 사회복지급여쟁송권, 사회복지행정참여권, 사회복지입법청구권이 있다.

사회복지급여쟁송권이란 실체적 권리인 사회복지급여청구권이 위법 또는 부당한 행정기관의 조치에 따라 침해되었을 때 이의 구제를 신청하는 권리를 의미한다. 여기에는 행정심판인 행정적 구제와 행정소송을 통한 법적 구제가 있다.[5]

사회복지행정참여권이란 사회복지행정 과정에 사회복지대상자나 국민이 참여할 권리를 의미한다. 사회복지행정은 전문적이며 기술적인 경우가 많고, 급여도 금전적 급여뿐만 아니라 비금전적 급여가 많아 사회복지행정기관의 재량의 여지가 많다. 그러므로 이러

---

5 행정심판은 행정심판 절차를 통해 행정청의 위법 또는 부당한 처분, 그 밖에 공권력의 행사, 불행사 등으로 인한 국민의 권리 또는 이익의 침해를 구제하는 것이다. 행정소송은 행정 법규의 적용에 관하여 분쟁이 있는 경우 당사자의 소송제기에 따라 법원에 의한 소송절차이다.

한 재량권의 남용을 막고, 적절한 욕구의 충족에 이바지하기 위해서 사회복지행정참여권은 중요한 의미가 있다.

사회복지입법청구권이란 생존권 보장을 위해 사회복지급여를 제공하는 구체적인 법률이 제정되지 않았거나 제정되었더라도 불충분한 경우 사회복지 입법을 추진하거나 그 개정을 청구할 수 있는 권리를 말한다.

2) 사회복지수급권의 보호

사회복지수급권의 보호가 필요한 이유는 그 권리실현이 취약하기 때문이다. 사회복지수급권의 권리실현이 취약한 이유는 다음과 같다.

첫째, 사회복지수급권이 헌법상 생존권을 구체적으로 실현하기 위한 사회복지법상의 사회복지서비스에 대한 급여청구권이지만, 현실적으로 우리나라와 같이 사회복지의 역사가 짧은 경우에는 사회복지급여가 국민의 권리인 동시에 국가의 의무관계로서 수급되지 않고, 단순히 국가 행정행위의 반사적 이익이거나 또는 구빈의 관점에서 부여된 시혜적인 것으로 인식되는 경향이 많으므로 권리로서 취약성을 가질 수 있다.

둘째, 사회복지급여는 현금이나 현물급여 이외에 사회서비스(시설수용서비스, 직업훈련서비스, 상담서비스 등)라는 비금전적이고 전문기술적인 급여에 의해서 이루어지는 점이 강한데, 이러한 급여는 유동적이고 개별적이기 때문에 그 권리실현을 계량화한다거나 표준화하여 법률로 규정하기가 곤란하다는 것이다.

셋째, 사회복지법이 갖는 이중성이 권리로서 취약성을 갖게 한다. 사회복지에 대한 책임이 국가라는 공적인 성격과 개인의 생활 유지라는 수급자의 사적인 성격이 결합하여 권리성을 약하게 한다.

넷째, 빈곤을 개인의 책임으로 돌리려는 사회적 인식이 생존권을 기본권으로 인식하게 하는 데 어렵게 하여 권리성이 취약하게 된다.

다섯째, 생존권은 국민 다수가 누리는 권리라기보다는 사회 내에 소수 극빈 계층에 속하는 사람들을 위한 권리라고 인식하는 사람들이 많으므로 다수로부터 생존권이 기본권으로 인정받기 어렵다.

이처럼 사회복지수급권의 권리성 약화의 위험 때문에 수급자의 권리를 보호할 필요가 있다. 따라서 사회복지법에서는 수급자의 권리를 보호하기 위한 다양한 방법을 규정하고 있다.

(1) 양도 · 담보 제공 · 압류 · 상계의 금지

사회복지수급권의 급여 수준은 수급자와 그 가족이 최저한도의 건강하고 문화적인 인간다운 생활을 유지하는 데 그 목적이 있으므로, 사회복지수급권을 수급자에게만 귀속시켜야 하는 일신전속적인 권리로 보호되어야 한다. 따라서 사회복지수급권을 타인에게 임의로 승계할 수 없으며, 타인에게 사회복지급여를 양도하거나 담보로 제공할 수 없다. 수급자의 채권자는 수급권을 압류하거나 자기의 채무와 상계할 수 없다.

국민연금법 제58조, 국민건강보험법 제59조, 고용보험법 제38조, 산업재해보상보험법 제88조, 국민기초생활보장법 제35조, 제36조에서 양도 · 담보 제공 · 압류 등을 금지하고 있다. 사회복지사업법 제48조를 비롯한 사회복지서비스법에도 압류를 금지하는 규정들이 있다.

사회복지급여가 실제로 수급자에게 직접 귀속될 필요에서 압류

를 금지·제한하고 있는 것과 같이 상계⁶도 금지·제한되어야 함은
물론이다. 국민연금법 제57조 제5항, 국민건강보험법 제47조 제4
항에 상계 금지·제한 규정이 있다. 이러한 규정들은 수급자의 사
회복지수급권을 보호하기 위한 일련의 조치라 할 수 있을 것이다.

(2) 불이익변경금지의 원칙

불이익변경금지란 이미 결정된 사회복지급여에 대하여 정당한
이유 없이 변경하는 것은 기득권을 침해하는 행위가 되므로 이를
금지한다는 것이다. 사회복지수급권이 일단 결정되면 수급자에 대
한 보호를 정당한 이유 없이 무리하게 변경하여 수급자에게 불이익
을 초래하게 하여서는 안 된다.

국민기초생활보장법 제34조에서는 "수급자에 대한 급여는 정
당한 사유 없이 수급자에게 불리하게 변경할 수 없다."라고 하여
불이익변경금지를 규정하고 있고, 일정 사유로 수급자에 대하여 수
급품의 전부 또는 일부의 반환을 명할 때도 "이미 이를 소비하였거
나 그 밖에 수급자가 부득이한 사유가 있는 때에는 그 반환을 면제
할 수 있다."라고 한 반환 명령의 제한 규정도 불이익변경금지를
나타낸 것이다.

(3) 조세, 기타 공과금의 부과 금지

사회복지수급권은 인간다운 최소한의 삶을 영위하도록 하기 위
한 국가적 차원의 보호이기 때문에 급여에 대해서 대체로 조세나

---

6 상계란 채권자와 채무자가 동종의 채권과 채무를 가지고 있는 경우 그 채권과 채무
를 대등액에 있어서 소멸하게 하는 일방적 의사표시를 말한다.

공과금을 부과하지 않는다.

　사회복지법에서는 각종 사회복지급여에 대하여 조세 및 공과금의 부과를 금지하는 규정을 대부분 두고 있다. 사회복지대상자들이 사회복지급여를 통해 인간으로서 최소한의 삶을 영위하게 하는 데 목적이 있으므로 조세나 기타 공과금을 부과하는 것은 타당하지 않다고 보기 때문이다.

　국민연금법 제60조에서는 "이 법에 따른 급여로 지급된 금액에 대하여는 조세특례제한법이나 그 밖의 법률 또는 지방자치단체가 조례로 정하는 바에 따라 조세, 그 밖에 국가 또는 지방자치단체의 공과금을 감면한다."라고 규정하여 사회복지 관계 법률 등에 조세와 기타 지방자치단체의 공과금 부과를 금지하고 있다. 산업재해보상보험법 제91조에서도 공과금의 면제 규정을 두고 있는데, 이것은 생존권을 보장하기 위하여 사회복지법에서 사회복지수급권을 보호하려는 목적으로 취한 금지조치이다.

3) 사회복지수급권의 제한

　수급자는 수급 사유나 조건을 고의 또는 악의 있는 행위를 통해 발생시키거나, 수급 사유나 조건이 허위로 판명된 경우, 수급 기간을 허위나 부당하게 연장하는 행위를 한 경우에 수급권은 제한되거나 금지되어야 한다.

　국민건강보험법 제52조 제1항 제1호 "고의 또는 중대한 과실로 인한 범죄행위에 그 원인이 있거나 고의로 사고를 일으킨 경우"와 제1항 제2호 "고의 또는 중대한 과실로 공단이나 요양기관의 요양에 관한 지시에 따르지 아니한 경우"로 급여 제한을 규정하고 있다.

국민연금법 제82조 제1항에서 "가입자 또는 가입자였던 자가 고의로 질병·부상 또는 그 원인이 되는 사고를 일으켜 그로 인하여 장애를 입은 경우에는 그 장애를 지급 사유로 하는 장애연금을 지급하지 아니할 수 있다."라고 규정하고 있다.

4) 사회복지수급권자의 의무

수급자는 신의성실의 원칙에 따라 수급 조건에 따른 의무를 성실하게 이행하여야 한다. 사회보험의 경우, 강제가입이지만 법에 명시된 사회보험료 납부 의무를 성실하게 이행하여야 하고, 공공부조나 사회서비스의 경우에는 소득인정액 조사에 성실히 임해야 하고, 금융정보·신용정보·보험정보 등 법에서 요구하는 정보나 자료를 제출하여야 하며, 조건부 수급자의 경우 자활사업에 성실히 임해야 한다. 만일 불이행하는 경우에는 사회복지 급여의 제공이 중지되거나 줄어들 수 있다.

사회보장기본법은 "관계 법령에서 정하는 바에 따라 다른 사람에게 양도하거나 담보로 제공할 수 없으며"(제12조)라고 규정하고 있다. 이 의무는 사회복지수급권의 일신전속권적 성격에 근거한다.

국민기초생활보장법은 "수급자는 거주지역, 세대의 구성 또는 임대차 계약 내용이 변동되거나, 제22조 제1항 각 호의 사항이 현저하게 변동되었을 때에는 지체 없이 관할 보장기관에 신고하여야 한다."(제37조)라고 규정하여 수급자에게 수급 조건 변경에 대한 신고 의무를 부과하고 있다.

사회복지 급여에서의 수급자의 의무는 급여제공자의 복지제공 책임 수행에 응하여 그 책임 이행 과정이 원활하게 이루어지고, 그 결과 수급자의 복지향상을 도모하려는 측면도 있다. 국민기초생활보장법에서 제22조 제8항에서 "보장기관은 수급권자 또는 부양의무자가 제1항 및 제2항에 따른 조사 또는 자료제출 요구를 2회 이상 거부·방해 또는 기피하거나 검진 지시에 따르지 아니하면 급여신청을 각하할 수 있다."라고 규정하여 수급권자의 조사 순응 의무를 부여하고 있다.

사회복지 급여의 남용도 금지되는데, 사회복지 급여 지급 사유가 없음에도 불구하고 있는 것처럼 하여 사회복지 급여를 받는 행위, 낮은 정도의 사회복지 급여 지급 사유에도 불구하고 높은 정도의 지급 사유가 있는 것처럼 꾸며 높은 수준의 급여를 받는 행위, 사회복지 급여를 부당하게 장기화시키는 행위들이 여기에 해당한다.

5) 사회복지수급권의 소멸

(1) 사망

사회복지수급권은 일신전속적인 권리이므로 수급자의 사망으로 권리가 소멸한다. 개별 사회복지법에서는 이에 관한 규정을 두고 있다. 수급자가 실종선고를 받은 경우도 마찬가지이다.

(2) 포기

사회복지수급권은 포기와 포기의 취소를 인정하고 있다. 사회보장기본법 제14조에서는 "사회보장수급권은 정당한 권한이 있는 기관에 서면으로 통지하여 포기할 수 있다. 사회보장수급권의 포기는 이를 취소할 수 있다. 사회보장수급권을 포기하는 것이 다른 사람에게 피해를 주거나 사회보장에 관한 관계 법령에 위반될 때는 사회보장수급권을 포기할 수 없다."라고 하여 포기와 포기의 취소를 인정하고 있다.

(3) 시효

사회복지수급권을 수급자가 일정한 기간 행사하지 아니하면 시효에 의하여 그 권리가 소멸한다.[7] 사회복지법에는 수급권에 대한 통일된 시효 규정은 없으며, 개별 사회복지법에서 각각 규정하고 있다.[8] 사회복지법에서 시효에 관한 규정을 두고 있지 않으면 민법 규정에 따라 시효가 소멸한다.[9]

---

7 시효는 일정한 법규에 따라 생기는 권리를 취득 또는 소멸시키는 기간이다. 시효에는 일정 기간 타인의 물건을 점유한 자에게 그 물건에 관한 권리를 취득하게 하는 취득시효(민법의 물권편)가 있고, 자신의 권리를 일정 기간 행사하지 않는 자에게 그 권리를 소멸시키는 소멸시효(민법의 총칙편)가 있다. 권리의 불행사에 대한 징벌 조치가 소멸시효이다. 사회생활을 원활히 하려면 모든 사람은 자신의 권리를 적정하게 행사하고 관리하여야 한다. 권리 위에 잠자는 자는 법도 보호하지 않는다. 권리의 행사는 권리자의 자유에 속하는 것이기 때문에 권리를 행사하건 행사하지 아니하건, 또는 이를 포기하건 모두 권리자의 자유이다. 하지만 권리의 불행사에 대하여 일정한 불이익을 가져오게 하여 간접적으로 권리의 행사를 강제하는 때도 있다. 소멸시효는 당사자의 어떠한 의사표시도 필요하지 않고 일정한 법률상 요건이 갖추어지면 권리는 소멸한다.
8 • '국민건강보험법'의 급여를 받을 권리에 대한 시효 3년(제91조).
  • '국민연금법'의 급여를 받을 권리에 대한 시효 5년(제115조).
  • '고용보험법'의 급여를 받을 권리에 대한 시효 3년(제107조).
  • '산업재해보상보험법'의 급여를 받을 권리에 대한 시효 3년(제112조).
9 제162조(채권, 재산권의 소멸시효) ① 채권은 10년간 행사하지 아니하면 소멸시효가 완성한다.
  ② 채권 및 소유권 이외의 재산권은 20년간 행사하지 아니하면 소멸시효가 완성한다.

생각해 볼 문제

1. 국가인권위원회 홈페이지에서 진정제도와 결정례 자료에 관해 알아 보자(진정제도는 법 규정에서 보장된 인권을 침해당하거나 차별행위 를 당한 경우와 법인, 단체 또는 사인(私人)으로부터 차별행위를 당 하였을 때 진정서를 제출할 수 있는 제도).
2. 현재 쟁점이 되는 인권침해사례를 알아보고 인권을 보호하고 그 수 준을 향상할 방안을 토론해보자.

제4장
국제법에 대한 이해

제4장 국제법에 대한 이해

국가와 국가 간의 교류와 협력이 활성화되면서 국제법이 국내법에도 많은 영향을 주기 때문에 국제법에 대한 기본적인 이해가 필요하다. 이 장에서는 국제법의 개념, 사회복지법의 국제화의 원인, 사회복지와 관련된 국제기구, 사회복지에 관한 국제적 선언과 주요 국제협약 등에 관해 설명한다.

1. 국제법

국제법이란 국제사회의 법으로 원칙적으로 국가 간의 합의에 따라 성립하고 국가 간의 관계를 규율한다. 국제법은 국가와 국가 사이 또는 국가와 국제기구 사이의 문서에 의한 합의로 협약, 협정, 약정, 의정서 등의 조약과 유엔 헌장 등 국제사회에서 일반적으로 그 규범성이 승인된 국제법규를 의미한다.

우리나라 헌법 제6조 제1항에서 "헌법에 의하여 체결공포된 조약과 일반적으로 승인된 국제법규는 국내법과 같은 효력을 가진다."라고 규정하고 있다. '일반적으로 승인된 국제법규'란 확립된 국제관습법규와 우리나라가 체결 당사국이 아닌 조약이라도 국제사회에서 일반적으로 그 규범성이 인정된 것도 포함된다고 본다.

국제법은 일반 국민의 권리와 의무에 직접 관계되는 사항에 영향을 미치고 있다. 우리나라와 외국 국가 간 당사국 사회보장협정의 경우 국제법의 형태로서 국민의 권리에 영향을 미치게 된다. 국제법은 사회복지실천에도 영향을 미치고 있다. 유엔(UN) 아동권리협약이나 장애인권리협약[1] 등 국제 인권협약은 우리나라의 관련 개별 법률들의 제·개정에 영향을 미치고 있다(정진경, 2019).

2. 사회복지법의 국제화의 원인

사회복지법은 인간의 기본적 권리의 보장에 기초하고 있다. 인권
보장은 한 국가에 국한된 관심사가 아니라 국제적으로 공통된 문제이
다. 인권보장의 내용과 형태가 국제적으로 보편화하여 가고 있다.

사회복지법은 다양한 원인으로 국제화되고 있다(김기원, 2019).
그 이유는 다음과 같다.

첫째, 인간다운 생활의 보편화를 추구한다.

사회복지의 목적은 모든 국민에게 인간다운 생활을 보장하는
데 있다. 인간다운 생활 보장은 오늘날 보편적인 국가 목적이 되고
있다. 각국은 각각의 국가 목적을 추구하는 가운데 다른 나라의 제
도와 법률을 연구하고, 이를 도입하여 실시하기 때문에 각국 사회
복지법은 내용과 체계에 있어서 공통적인 요소들을 쉽게 발견할 수

---

1 •아동권리협약은 아동을 보호의 대상뿐만 아니라 적극적인 권리의 주체로 인식한다.
주요 원칙은 모든 아동에 대한 비차별원칙, 아동에 대한 최선의 이익 최우선 고려
원칙이 있다. 아동의 4대 권리로 생존의 권리(적절한 생활 수준을 누릴 권리, 의료서
비스를 받을 수 있는 권리), 발달의 권리(교육, 놀이, 여가, 정보를 누릴 권리, 문화
활동, 사상, 양심, 종교의 자유를 누릴 권리), 보호의 권리(각종 착취와 학대, 가족과
의 인위적인 분리, 형법 등의 폐습으로부터 보호받을 권리), 참여의 권리(자신의 의
사를 표현할 자유와 자기 생활에 영향을 주는 일에 대하여 말할 수 있는 권리, 책임
감 있는 어른이 되기 위해 아동 자신의 능력에 부응하여 적절한 사회활동에 참여할
기회를 가질 권리)가 있다. 우리나라는 1990년 협약에 서명하고 1991년 국회의 비준
을 통해 효력이 발생하였다. 이로써 정부는 이 협약에서 인정된 아동의 권리를 실현
하기 위한 모든 적절한 입법적, 행정적, 여타의 조치를 취할 의무를 갖게 되었다.
•장애인권리협약은 신체장애, 정신장애, 지적장애를 포함한 모든 장애가 있는 이들
의 존엄성과 권리를 보장하기 위한 협약이다. 장애인이 인권과 기본적인 자유를 완
전하고 동등하게 누릴 수 있도록 보호하는 것이며, 장애인의 천부적인 존엄성에 대
한 존중을 촉진하기 위한 것이다. 우리나라는 2007년 협약에 서명하였고, 2008년
국회 비준 이후 2009년부터 국내에 발효하게 되면서 국내법과 동일한 효력의 국제
법이 되었다.

있다. 결과적으로 사회복지법은 내용상 국제적으로 유사한 유형을 형성하고 발전하게 된다.

둘째, 근로자의 국제적 이동이 활발해졌다.

근로자들이 국경을 초월하여 자유로이 이동하면서 경제활동을 하게 된다. 각국은 자국 내에서 활동하고 있는 이주근로자들을 소위 내외국인 평등의 사회복지정책원칙에 따라 내국인과 동등하게 사회복지 혜택과 근로조건을 부여하고 있다. 국민연금법에서는 국내 거주하는 외국인도 원칙적으로 국민연금에 가입하도록 하고 있다.

셋째, 노동자 대표가 국제기구에 참여하고 활동한다.

노동자 대표 조직이 국제적 연대를 형성하고 사회복지에 관한 다양한 요구를 하고 있고, 특히 국제노동기구(ILO)를 통해 노동자의 복지를 향상하기 위해 노력하고 있다.

넷째, 국제기구가 국제적 사회복지 기준을 설정하고 지침을 제시하고 있다.

사회보장, 노동, 보건 등과 관련된 국제기구들은 전 세계적으로 적용할 수 있는 국제적인 사회복지 기준을 설정하여 각 국가가 사회복지법을 제정하거나 실시할 때 기준으로 삼도록 권고하고 있다. 국제노동기구(ILO)의 경우 고용보험이나 산재보험과 같은 분야에서 최소 가입률이나 급여 수준에 관해 국제적인 기준을 설정하거나, 최저임금제도나 국민연금의 임금 대체율, 고용보험 가입률 등에 관하여 기준을 설정해 가입국에 제시하고, 불이행 국가에 대해서는 국제적 연대를 통해 다각적인 압력을 가함으로써 근로자 복지의 국제적 평준화 달성에 이바지하고 있다. 이러한 국제기구의 사회복지 기준의 설정은 복지 후진국들에는 향후 사회복지발전 방향과 목표를 설정하는 데 지침 역할을 하고 있다.

3. 사회복지와 관련된 국제기구

1) 유엔(United Nation: UN)

유엔(UN)은 전쟁을 방지하고 평화를 유지하며, 정치, 경제, 사회, 문화 등 모든 분야에서 국제협력을 증진 시키는 역할을 하는 국제기구이다. 유엔의 목적은 국제평화와 안전을 유지하며, 민족들의 평등권 및 자결 원칙에 기초하여 국가 간의 우호 관계를 발전시키며, 경제적, 사회적, 문화적 또는 인도적 성격의 국제문제를 해결하고, 모든 사람의 인권 및 기본적 자유에 대한 존중을 촉진하기 위한 국제적 협력을 달성하는 것이다. 이러한 공동의 목적을 달성하면서 각국의 활동을 조화시키는 중심이 된다.[2]

유엔은 총회에서 주요 선언문이나 권고 협약을 채택함으로써 사회복지 분야뿐 아니라 여러 분야에 국제적인 기준을 설정하고 있다.

2) 국제노동기구(International Labor Organization: ILO)

국제노동기구(ILO)는 근로 조약이나 권고를 채택함으로써 근로

---

2 "유엔"(United Nations)이라는 명칭은 프랭클린 루스벨트 미국 대통령이 고안하였으며, 2차 세계대전 중 26개국 대표가 모여 추축국(제2차 세계대전 때 독일·이탈리아·일본의 세 동맹국이 스스로를 이르던 말)에 대항하여 계속 싸울 것을 서약하였던 1942년 1월 1일 "연합국 선언"에서 처음으로 사용되었다. 1945년 4월 25일부터 6월 26일간 샌프란시스코에서 개최된 "국제기구에 관한 연합국 회의"에 참석 한 50개국 대표는 1944년 8월부터 10월간 미국 덤버턴 오크스에서 회합하였던 미국, 영국, 중국, 소련 등 4개국 대표들이 합의한 초안을 기초로 유엔 헌장을 작성하였다. 50개국 대표들은 1945년 6월 26일 유엔 헌장에 서명하였으며 회의에 참석하지 않았던 폴란드가 추후 서명함으로써 51번째 서명국이 되었다. 유엔은 미국, 영국, 프랑스, 중국, 소련과 여타 서명국 과반수가 유엔 헌장을 비준한 1945년 10월 24일 공식 출범하였으며, 이후 매년 10월 24일을 유엔의 날로 기념하고 있다.

조건의 국제적 기준을 설정하는 것이 본래의 임무였으나, 제2차 세계대전 후에는 유엔(UN)의 경제사회이사회와 협력하여 근로조건뿐 아니라 사회복지에 대하여도 활발한 활동을 전개하고 있다. 국제노동기구(ILO)는 1944년에 소득보장의 권고, 의료보장의 권고, 고용서비스의 권고를 사회보장법 체계의 3대 기본요소로 채택하였다.

3) 세계보건기구(World Health Organization: WHO)

세계보건기구(WHO)는 국제연합의 전문기구로서 세계 인류가 신체적·정신적·사회적으로 최고의 건강 수준에 도달하는 것을 목적으로 활동한다. 전염병이나 기타 질병 예방, 환경위생, 영양 등뿐만 아니라 장애인복지와 관련해 많은 활동을 하고 있다.

4) 경제협력개발기구(Organization for Economic Cooperation and Development: OECD)

경제협력개발기구(OECD)는 회원국들의 경제성장과 인류의 복지증진을 도모하는 정부 간 정책 연구 협력기구이다.[3] 경제협력개발기구(OECD)는 상호 정책조정 및 협력을 통해 회원국의 경제사회발전을 모색하고 나아가 세계 경제문제에 공동으로 대처하기 위한 정부 간 기구이다. 경제협력개발기구(OECD)의 목적(설립협약 제1조)은 회원

---

3 • 1961년 9월 30일 설립. 회원국(38개국): 오스트리아, 벨기에, 캐나다, 덴마크, 프랑스, 독일, 그리스, 아이슬란드, 아일랜드, 이탈리아, 룩셈부르크, 네덜란드, 노르웨이, 포르투갈, 스페인, 스웨덴, 스위스, 터키, 영국, 미국, 일본, 핀란드, 호주, 뉴질랜드, 멕시코, 체코, 헝가리(1996), 폴란드(1996), 한국(1996), 슬로바키아(2000), 칠레(2010), 슬로베니아(2010), 에스토니아(2010), 이스라엘(2010), 라트비아(2016), 리투아니아(2018), 콜롬비아(2020), 코스타리카(2021).
• 우리나라는 1996년 12월 29번째 회원국으로 가입.

국의 경제성장과 금융안정을 촉진하고 세계 경제발전에 기여, 개도국의 건전한 경제성장에 기여, 다자주의와 무차별주의에 입각한 세계무역의 확대에 이바지하는 것이다. 경제협력개발기구(OECD)는 정부지출 가운데 사회보장의 비율 등을 포함한 정부 운영 현황·성과를 비교하는 보고서를 격년으로 발간하여 회원국들의 사회복지증진에 이바지하고 있다.

4. 사회복지에 관한 국제적 선언과 주요 국제조약

1) 세계인권선언

세계인권선언은 제2차 세계대전 중 인류의 야만적인 범죄에 대한 성찰을 계기로 개인의 자유와 권리를 진술한 문서로써 모든 인간의 기본적 권리를 존중해야 한다는 유엔 헌장의 취지를 반영하여 유엔 인권위원회에서 작성되었고, 1948년 12월 10일 제3차 유엔총회에서 채택되었다.

세계인권선언은 다양한 정치·법적 체제, 종교·문화·철학적 전통에 내재한 공통의 가치 결집을 위한 노력의 산물로서 인권과 기본적 자유의 보편성을 강조하고 있으며, 이후 60개 이상의 국제인권 관련 규범 탄생의 기념비적 역할을 하였다. 하지만 세계인권선언은 법적 구속력은 부재하며, 권리보장을 위한 국가의 의무가 제시되지 않았고, 경제·사회·문화적 권리 분야에 관한 관심은 부족한 것이 주요 한계로 지적되고 있다.

세계인권선언은 명확하고 간결한 30개 조항을 통해 넓은 범위의 인권을 포괄하고 있다.

세계인권선언은 다음과 같이 선언하고 있다.

"모든 사람은 사회의 일원으로서 사회보장제도에 관한 권리를 가지며, 국가적 노력과 국제적 협력을 통하여 그리고 각국의 조직과 자원에 따라 자신의 존엄성과 인격의 자유로운 발전을 위하여 불가결한 경제적, 사회적 및 문화적 권리의 실현에 관한 권리를 가진다(제22조). 모든 사람은 식량, 의복, 주택, 의료, 필수적인 사회 역무를 포함하여 자신과 가족의 건강과 안녕에 적합한 생활 수준을 누릴 권리를 가지며, 실업, 질병, 불구, 배우자와의 사별, 노령, 그 밖의 자신이 통제할 수 없는 상황에서의 다른 생계 결핍의 경우 사회보장을 누릴 권리를 가진다."

2) 국제인권규약

　국제인권규약은 A와 B로 나누어진다. 도덕적 구속력만을 가진 세계인권선언을 바탕으로 하여 법적 구속력을 가진 기본적이고 보편적인 국제인권법으로 마련된 것으로 1966년에 채택되고 1976년에 발효된 '경제적·사회적·문화적 권리규약(A 규약)'과 '시민적·정치적 권리규약(B 규약)'이 있다. 이들 규약은 세계인권선언과 함께 일반적으로 국제인권 장전(International Bill of Rights)으로 불리고 있다. 우리나라는 1990년부터 국제인권규약을 적용해 오고 있으며 법적 실효성을 가지고 있다.

　경제적·사회적·문화적 권리규약(A 규약)은 생존권적 기본권을 대상으로 노동기본권, 사회보장권, 생활 향상, 교육권 등을 각 체약국이 그들이 입법 조치로써 실현 달성할 것을 내용으로 하며, 이의 실시상황을 유엔(UN)에 보고할 것을 의무화하였다. 이 규약의 사회복지와 관련된 주요 내용은 제9조 "이 규약의 당사국은 모든 사람이 사회보험을 포함한 사회보장에 대한 권리를 가지는 것을 인정한다.", 제11조 "이 규약의 당사국은 모든 사람이 적당한 식량, 의복 및 주택을 포함하여 자기 자신과 가정을 위한 적당한 생활 수준을 누릴 권리와 생활조건을 지속적으로 개선할 권리를 가지는 것을 인정한다. 이 규약의 당사국은 기아로부터의 해방이라는 모든 사람의 기본적인 권리를 인정하고, 개별적으로 또는 국제협력을 통하여 아래 사항4을 위하여 구체적 계획을 포함하는 필요한 조치를 취한다.", 제12조 "이 규약의 당사국은 모든 사람이 도달 가능한 최고 수준의 신체적·정신적 건강을 향유할 권리를 가지는 것을 인정한다."등이 있다.

　　시민적·정치적 권리규약(B 규약)은 자유권적 기본권의 존재를 전제로 하여, 체약국이 이를 존중할 것을 의무화하였으며, 이것의 실시 확보를 위하여 인권심사위원회와 그리고 필요에 따라 특별조정위원회를 설치할 것과 선택의정서 참가국에 대해서는 개인이 인권심사위원회에 직접 청원할 수 있는 길을 열어놓았다.5

---

4 (a) 과학·기술 지식을 충분히 활용하고, 영양에 관한 원칙에 대한 지식을 보급하고, 천연자원을 가장 효율적으로 개발하고 이용할 수 있도록 농지제도를 발전시키거나 개혁함으로써 식량의 생산, 보존 및 분배의 방법을 개선할 것. (b) 식량수입국 및 식량수출국 쌍방의 문제를 고려하여 필요에 따라 세계식량공급의 공평한 분배를 확보할 것.

5 국제인권규약이 인권에 대해 포괄적인 내용을 담고 있는 것과 달리 특정한 주제 또는 집단(group)에 초점을 맞추어 채택된 국제인권협약으로는 인종차별철폐협약, 여성차별철폐협약, 고문방지협약, 아동권리협약이 있다. 이들 4개 협약은 A·B 규약과 함께 전통적으로 주요(core) 인권협약으로 지칭되고 있다. 기존의 주요 인권협약 이외에 이주노동자권리협약, 장애인권리협약, 강제실종 협약이 채택되어, 여성과 아동 이외에도 이주노동자, 강제실종자, 장애인과 같은 사회적 취약계층의 권리 보호를 위한 국제적 규범이 새로 마련되었다.

3) 사회보장협정

사회보장협정은 사회보장제도를 시행하고 있는 다른 나라와 양국 간의 연금제도의 다른 점을 상호 조정함으로써 양국 국민에게 이중 가입 면제, 가입 기간 합산 등의 혜택을 주기 위하여 맺는 협정을 말한다. 사회보장협정은 대부분 양 당사국의 정부 간에 체결되고 있으며 그 형태는 협정의 적용 범위에 따라 크게 '가입 기간 합산 협정'과 '보험료면제 협정'으로 구분된다. 외국인에 대한 국민연금 가입 및 급여지급과 관련해서는 원칙적으로 상호주의[6]에 의하도록 되어 있지만, 사회보장협정이 체결된 경우에는 협정이 우선하여 적용된다.

사회보장협정을 체결하는 것은 협정 체결국 간 연금제도의 서로 다른 점을 상호 조정하여 양 체결국 국민에게 다음과 같은 혜택을 부여하기 위한 것이다.

(1) 이중가입 면제

일반적으로 협정 전에는 단기간 외국에서 근로하거나 자영업을 하는 사람들은 양국 연금제도에 보험료를 내야 했다. 그러나 협정이 체결될 경우 본국의 연금제도에만 가입하고 상대국 연금제도 가입은 면제받을 수 있어 재정적 부담을 줄일 수 있게 된다(각 협정 내용에 따라 다를 수 있다).

---

6 상호주의는 외교의 기본적인 원리 중 하나이다. 자국인이 외국에서 누리고 있는 범위 안에서, 외국인에게도 같은 정도의 권리를 인정한다고 하는 주의이다.

(2) 가입 기간 합산

외국으로 이민 가거나 장기 체류하여 연금 가입 기간이 분리된 사람은 가입 기간 부족으로 인하여 어느 일방 국가의 연금을 받지 못할 수도 있다. 그러나 협정이 체결될 경우 분리된 양국 가입 기간을 합산하여 수급권을 결정하므로 해당 국가의 연금을 받을 수도 있다(각 협정 내용에 따라 다를 수 있다).

(3) 동등 대우

협정이 체결되는 경우 연금 수급권 취득이나 급여지급 등 상대국 법령 적용에 있어서 상대국 국민과 동등한 대우를 받는다. 그에 따라 급여수급권 등이 개선된다고 할 수 있다(각 협정 내용에 따라 다를 수 있다).

(4) 급여 송금 보장

협정 체결국 간에는 연금 급여를 해외로 제한 없이 송금할 수 있도록 함으로써 상대국에 거주하는 때도 급여가 삭감되지 않고 지급될 수 있다(각 협정 내용에 따라 다를 수 있다).

▌조약의 주요 유형

조약[7] (Treaty)	• 가장 격식을 따지는 것으로 정치적·외교적 기본관계나 지위에 관한 실질적 합의를 기록 [예] 한·러시아 기본관계에 관한 조약(1993), 한·인도 범죄인 인도조약(2025)
규약(Covenant), 헌장(Charter), 규정(Statute)	• 주로 국제기구를 구성하거나 특정 제도를 규율하는 국제적 합의에 사용 [예] 국제연맹규약, UN 헌장, 국제사법재판소(ICJ) 규정 등
협정 (Agreement)	• 비정치적인 전문적·기술적인 주제를 다루는 경우 [예] 한·호주 자원협력 협정(2005)
협약 (Convention)	• 양자조약에서 특정 분야·기술적 사항에 관한 입법적 성격의 합의에 사용 [예] 한·요르단 이중과세방지협약(2005) • 국제기구 주관하에 개최되는 국제회의 또는 외교회의에서 체결하는 다자조약에 사용 [예] 담배규제기본협약(2006)
의정서 (Protocol)	• 기본적인 문서에 대한 개정 또는 보충적인 성격을 띠는 조약에 사용 [예] 한·루마니아 경제과학기술협력협정 개정의정서(2005), 제네바 제협약에 대한 추가 및 국제적 무력충돌의 희생자 보호에 관한 의정서(1949)
교환각서 (Exchange of Notes)	• 조약의 서명 절차를 체결 주체 간의 각시교환으로 간소화함으로써 기술적 성격의 합의에 있어 폭주하는 행정수요에 부응하기 위해 사용 [예] 한·칠레 사증면제 교환각서(2004)
양해각서 (Memorandum of Understanding)	• 이미 합의된 사항 또는 조약 본문에 사용된 용어의 개념을 명확히 하기 위해 당사자 간 외교교섭의 결과 상호 양해된 사항을 확인·기록하는 경우에 사용 • 최근에 독자적인 전문적·기술적 내용의 합의에도 많이 사용 [예] WTO DDA 국제신탁기금 출연에 관한 한–WTO 양해각서(2005)

출처: 외교부 홈페이지

---

7 조약은 대통령에 의한 체결 비준이 있어야 하고, 그 과정에서 국회의 동의를 얻어야 한다. 국회의 동의는 대통령의 조약체결·비준 행위를 헌법적으로 정당화시켜 주는

1. 1964년 설립된 유엔(UN)의 정부 간 협의체인 유엔 무역 개발 회의
   (United Nations Conference on Trade and Development:
   UNCTAD)에서 2021년 7월 한국 지위를 개발도상국에서 선진국 그
   룹으로 승격하였다. 유엔무역개발회의(UNCTAD)가 개도국에서 선진
   국으로 지위를 변경한 사례는 한국이 역사상 처음이다. 유엔무역개
   발회의(UNCTAD)는 공식적으로 아시아·아프리카 등 주로 개도국이
   포함된 그룹 A와 선진국의 그룹 B, 중남미 국가가 포함된 그룹 C,
   러시아 및 동유럽의 그룹 D 등 4개 그룹으로 구성되어 있다. 한국
   은 그룹 A에 포함되어 있었지만, 그룹 B로 지위가 바뀌었다. 미국과
   영국, 독일, 프랑스, 일본 등 31개국이 속해 있던 그룹 B는 이제 32
   개국으로 늘어나게 되었다. 한국이 개발도상국에서 선진국으로 승격
   한 원인과 의미를 주제로 토론해보자.

것이므로 원칙적으로 대통령이 비준하기 전에 있어야 한다. 조약의 비준은 조약체결
권자인 국가원수가 서명한 조약이 국제법상 유효함을 확인하는 행위를 말한다. 비준
의 방법은 조약체결권자가 비준서에 조약을 확인한다는 의사를 표시하고, 서명하는
것이 보통이다.

제5장
사회복지법의 체계

제5장 사회복지법의 체계

　　사회복지법은 법의 형식을 취하고 있으므로 일반적인 법체계 형식으로서 수직적 체계를 가진다. 사회복지법의 수직적 체계는 헌법, 법률, 명령(시행령과 시행규칙), 조례, 규칙의 순으로 위계를 이루고 있다. 사회복지법이 헌법을 위반하면 위헌성을 지니게 되는 것이고 상위법을 위반하면 위법성을 지니게 된다. 사회복지법의 체계와 구조, 내용적 체계의 구성을 통해 사회복지법만의 특성을 알 수 있다.

1. 사회복지법의 체계

　　일반적으로 법은 일정한 조직체계를 이루고 있으며, 일정한 제정 절차를 거쳤느냐에 따라 자연법[1]과 실정법[2]으로 크게 나뉜다. 실정법은 다시 국내법과 국제법으로 나뉘고, 국내법은 공법과 사법 그리고 사회법으로 구분한다.

　　사회복지법은 일반 법체계 속에서 실정법 중 주로 국내법에 해당하며, 공법도 아니고 사법도 아닌, 제3의 법 영역으로서의 사회법에 속한다. 그리고 사회법이 발전되면서 노동법, 경제법, 사회복지법 등 여러 영역으로 분화되어 가면서 사회복지법이 하나의 독립된 법규로서 체계를 형성하게 되었다.

---

1 자연법이란 시간과 공간을 초월하는 영구불변의 초경험적이고 이상적인 법을 말한다. 자연법은 이성에 의해 선험적으로 인식되고 정의의 이념을 그 내용으로 한 초실정법적인 법규범으로서 시대, 민족, 사회 등을 초월하여 보편타당성을 가지기 때문에 법의 근원이 된다.
2 실정법은 인간사회의 질서유지를 목적으로 인간이 제정한 인위적인 법으로서 제정법, 관습법, 판례법 등이 실정법에 해당한다. 실정법은 인간이 제정한 법으로서 완벽하지 않은 불완전성을 가지고 있으므로 국가적·사회적 상황에 따라 다른 모습으로 변천, 발전하였다.

사회복지법은 「사회보장기본법」이 제도의 일반적 사항을 규정하고 있고, 사회보장의 급여와 수급권자에 관한 포괄적이고 절차적인 사항은 「사회보장급여의 이용·제공 및 수급권자발굴에 관한 법률」(사회보장급여법)에서 규정하고 있다.

「사회보장기본법」과 「사회보장급여의 이용·제공 및 수급권자발굴에 관한 법률」의 내용에 맞추어 사회보험법, 공공부조법, 사회서비스법으로 구분된다. 사회보험법은 「국민연금법」, 「국민건강보험법」, 「고용보험법」, 「산업재해보상보험법」, 「노인장기요양보험법」을 주된 내용으로 하며, 공공부조법은 「국민기초생활보장법」, 「의료급여법」 등으로 구성된다. 사회서비스법은 국가, 지방자치단체와 민간부문이 도움이 필요한 모든 국민에게 복지, 보건의료, 교육, 고용, 주거, 문화, 환경 등의 분야에서 인간다운 생활을 보장하고 상담, 재활, 돌봄, 정보의 제공, 관련 시설의 이용, 역량 개발, 사회참여 지원 등을 통하여 국민의 삶의 질이 향상되도록 지원하는 제도인 사회서비스를 보장하는 제반 법규를 말한다. 사회서비스법의 영역이 매우 광범위함을 알 수 있다. 사회복지사업법은 사회서비스법 중 사회복지사업에 관한 기본법적 성격을 갖는다.[3]

전체적인 법체계 속에서 사회복지법이 차지하고 있는 위치 및 범위를 체계화하고 도식화하면 다음과 같다.

---

3 사회서비스라는 용어가 「사회보장기본법」과 「사회보장급여의 이용·제공 및 수급권자 발굴에 관한 법률」에서 법적 용어로 사용되고 있으나 개별적인 사회서비스 법의 형태에서는 아직 사회복지서비스의 개념을 사용하고 있어서 구조적으로 정비되지 않은 관계에 놓여 있음을 볼 수 있다.

▌사회복지법의 체계와 구조

2. 사회복지법의 내용적 체계

사회복지법이 사회복지법으로 존재하고 기능하기 위해서는 다른 법과 구별될 수 있는 내용의 체계로 구성되어야 하고, 그 내용적 체계는 법적 효력을 지녀야 한다. 법적 효력이란 규범적 타당성과 실효성이 합치될 때 가능한 것이다. 이것은 동전의 양면과 같이 매우 밀접하게 연관된 요소이다. 규범적으로 정당성 또는 타당성을 갖더라도 실효성이 없는 법은 유명무실하여 곧 사문화(死文化)된 법이 된다. 법이 규범적 타당성을 가지지 않고 실효성만 가지고 있으면 악법(惡法)이 된다. 사회복지법이 법적 효력을 지닌 내용적 체계가 되기 위해서는 규범적 타당성과 이를 현실적으로 지지해주고 현실화할 수 있도록 하게 하는 실효성을 동시에 갖추어야 한다(윤찬영, 2013).

1) 규범적 타당성 체계

사회복지법은 헌법상의 국가의 의무이행과 국민의 권리를 보장하는 이념과 원칙을 반영해야 한다. 사회복지법이 헌법의 생존권을 근본규범으로 가지고 법적 효력을 지닌 내용적 체계가 되기 위한 규범적 타당성 체계의 구성은 다음과 같다.

(1) 권리성

사회복지법의 대상자들을 권리의 주체로 인정하는 것으로 사회복지법들이 개인의 권리를 명확히 규정하고 그에 따르는 국가의 책임과 의무를 규정하고 있어야 한다. 대부분 현행 사회복지법은 제1조 법의 목적에서 사회복지의 증진을 입법 목적으로 하고 있다.

사회복지에 대한 국가의 책임이 명문화되어 있다는 것은 수급자의 권리를 법적으로 승인한 것으로 해석할 수 있다. 그러나 사회복지법은 헌법에서 규정된 생존권과 그에 따르는 국가의 의무를 이행하기 위한 구체화한 규범이기 때문에, 권리성에 대한 직접적 명시가 없더라도 당연히 권리성을 인정하는 것으로 보아야 할 것이다.

국민기초생활보장법에서 '수급권자'와 '수급자'라는 용어를 사용함으로써 대상자의 권리성을 인정하고 있다.[4]

(2) 대상자의 요건과 범위에 관한 것

사회복지법이 누구를 대상자로 하느냐 하는 것은 사회복지법에 따른 급여나 서비스에 대해서 권리에 의한 수급을 인정하느냐의 문제와 직결되는 것이다. 대상자 선정 시 요건을 제한적이고 복잡하게 규정하지 않아야 하고 대상자의 범위도 보편적으로 확대해야 법의 규범적 타당성을 획득해 나가는 과정으로 볼 수 있다.

(3) 급여 수급의 요건 및 급여의 종류와 수준

급여나 서비스를 받는 것과 관련해 급여 수급의 요건과 급여의 종류 및 그 수준을 어떻게 규정하는가의 쟁점으로 사회복지법의 규범적 타당성을 확인할 수 있는 하나의 근거가 된다.

급여 수급의 요건이 까다롭지 않아야 하며, 제공되는 급여 및 서비스의 종류와 수준에 있어서 대상자의 욕구를 충족시킬 수 있는 수준, 즉 적절성을 유지할 수 있어야 한다. 사회복지법의 급여 수준이 최저생활조차 충족시키지 못한다면 이는 사회복지법으로서의

---

4 국민기초생활보장법에서 "수급권자"란 이 법에 따른 급여를 받을 수 있는 자격을 가진 사람을 말한다. "수급자"란 이 법에 따른 급여를 받는 사람을 말한다.

규범적 타당성을 상실하는 것이다.

(4) 재정부담의 원칙

사회복지법이 규범적 타당성을 갖기 위해서는 국가의 책임성이 충실하게 이행될 수 있어야 하는데, 이것은 특히 재원의 조달 또는 부담의 원칙에 의해 확인될 수 있다. 사회복지법의 재정이 국가 책임의 원칙을 가지면 권리성을 갖게 되는 것이다. 국가의 부담과 지원이 임의규정의 형태로 되어 있으면 규범적 타당성을 가지지 못한다. '~할 수 있다'라는 임의규정으로 되어 있을 때는 국가는 재량적 판단에 따라 재원을 조달할 수도 아니할 수도 있는 것이다. 국가의 책임성을 충실하게 이행할 수 있도록 국가가 재정을 부담한다는 강행규정으로 되어야 한다. '~해야 한다'라는 강행규정으로 되어 있으면 국가는 반드시 이에 필요한 재원을 마련해야 한다.

2) 실효성 체계

사회복지법이 타당한 법이라 하더라도 그것이 현실화할 수 있는 법적 장치들이 없으면 실효성이 없는 법이 된다. 사회복지법의 실효성은 크게 두 가지 측면에서 체계화할 수 있다. 하나는 법 일반적 차원의 것으로 객관적 실효성 체계이다. 이것은 각 법률이 시행령과 시행규칙이 마련되어야 실제로 효력을 발휘할 수 있다는 것을 의미한다. 다른 하나는 사회복지법의 특성을 고려한 실질적 내용 차원에서의 실효성 체계가 있다.

사회복지법의 특성을 고려한 실질적 내용 차원에서의 실효성 체계는 다음과 같다.

(1) 주체 및 관련 조직

사회복지법상의 급여 및 서비스 공급 주체가 누구인지 명확하게 규정하는 것은 법의 실효성을 위해 필요하다. 법적 주체가 설정되어야 법을 시행할 수 있기 때문이다. 그리고 사회복지의 주체들이 무엇을 해야 하는지 명확하게 규정하는 것이 필요하다. 사회복지법상 사회복지의 주체는 국가, 지방자치단체와 지방자치단체장, 법인, 단체나 개인 등으로 구분된다.

급여나 서비스가 공급의 주체로부터 수급자에게 전달되게 하는 전달조직으로서 전달체계의 확보와 운영 그리고 전체적 관리체계가 존재해야 한다. 전달체계는 서비스의 공급자와 수급자를 연결할 뿐만 아니라 공급자들의 관계도 정렬시키는 조직체계이다. 전달체계의 확립은 자원의 효율적 이용과 대상자의 욕구를 효과적으로 충족시키는 데 결정적 역할을 한다. 사회복지법의 실효성 증대를 위해서는 전달체계의 확립이 요구된다.

사회복지법상의 조직으로서 전달체계나 관리조직은 아니지만 중요한 임무를 수행하는 조직으로 각종 위원회가 있다. 위원회의 기능이 실질적으로 작동한다면 법의 실효성을 증진하는 데 상당한 정도로 이바지할 수 있을 것이다.

▌각종 위원회와 위원장

법률	위원회	위원장
사회보장기본법	사회보장위원회	국무총리
사회보장급여법	시 · 도사회보장위원회	시 · 도 조례로 정함
	지역사회보장협의체	시 · 군 · 구 조례로 정함
국민기초생활보장법	중앙생활보장위원회	보건복지부장관
국민연금법	국민연금기금운용위원회	보건복지부장관
국민건강보험법	건강보험정책심의위원회	보건복지부차관
노인장기요양보험법	장기요양위원회	보건복지부차관
산업재해보상보험법	산업재해보상보험및예방심의위원회	고용노동부차관
고용보험법	고용보험위원회	고용노동부차관

(2) 인력

조직과 더불어 사회복지법의 실효성 체계를 구성하는 중요한 요소가 인력에 관한 규정이다. 사회복지법은 전문인력 없이는 급여나 서비스가 제공될 수 없는 성격이므로 사회복지사 등 전문가들에 대한 법적 규정이 필요하다. 사회복지사 등 전문가들의 법적 지위, 권한과 책임 등에 관한 규정이 필요하다.[5]

한편 전문직 인력은 아니지만, 자원봉사자와 같은 인력도 사회복지서비스 전달에서 중요한 역할을 맡는다. 자원봉사자 개인의 관점에서 자원봉사는 개인적 사실행위로 간주할 수 있지만, 법정 서비스를 전달한다든지 법에 따른 사회복지사업의 실시과정에 참여하게 될 때는 이들에 대한 관리, 교육, 등급, 배치, 보호 등에 대해서

---

5 「사회복지사업법」에서 사회복지사 자격증의 발급과 국가시험, 채용조건 등의 규정이 있다. 「사회보장급여의 이용 · 제공 및 수급권자 발굴에 관한 법률」에서 사회복지전담공무원의 규정을 두고 있다.

법적 규정이 필요하다.

(3) 재정 조달 방법

국가가 사회복지법과 관련하여 재정을 부담할 것인가의 문제는 원칙적 문제로서 법의 규범적 타당성에 관련되는 쟁점이 되겠지만, 재정을 조달하는 방법의 문제는 법의 실효성에 관련된 문제이다.

사회보장기본법은 국가 및 지방자치단체가 매년 사회보장제도에 필요한 재원을 조달하도록 강제하고 있는데, 이는 주로 공공부조 및 사회서비스에 대한 국가의 재정 책임을 강조하는 것이다. 사회보험법은 보험이라는 제도적 방식에 의해 시행되기 때문에 국가의 부담 여부와 정도의 문제이지 재원 조달의 방법은 크게 문제 되지 않는다. 사회복지법과 관련하여 필요한 재정을 국가의 조세수입으로 마련하는 것과 그에 대한 강행규정[6]을 두는 것이 필요하다.

(4) 권리구제

사회복지법이 권리성을 인정한다고 하더라도 그 권리가 침해되었을 때 이것을 사실적으로 환원시키거나 보상받을 수 있도록 절차가 마련되어야 한다. 대부분의 사회복지법에는 이의신청, 심사청구 등 행정적 구제 절차를 규정해놓고 있다. 사회복지법에서 보장하는 권리에 내재하는 욕구는 생존과 관련성이 있고 매우 급한 욕구인 경우가 많으므로 권리구제 절차에 걸리는 시간과 비용에 효율성을 고려할 필요가 있다.

---

6 강행법(규정)은 당사자의 의사와 관계없이 적용이 강요되는 법. 임의법(규정)은 당사자의 의사에 따라 법을 적용할 수도 있고, 적용을 배제할 수도 있는 법.

(5) 벌칙

법의 실효성을 확보하기 위해서는 벌칙이 필요하다. 사회복지법은 법의 목적을 달성하기 위하여 일정한 대상자에게 의무를 부과하고 이를 위반하는 자에게는 일정한 벌칙을 가하는 강제 규정을 두고 있다. 법체계의 실효성을 확보하기 위한 물리적 수단으로 사회복지와 관련된 법익을 보호하는 것과 대상자 또는 수급자의 인권 및 수급권을 보호하기 위한 것이다. 사회복지법상 벌칙에는 형벌과 행정벌이 있다. 형벌은 벌금, 금고, 징역, 사형7 등의 처벌이며 행정벌은 행정절차나 질서를 지키지 않는 데 대한 것으로서 과태료 등의 행정처분이다.8

---

7 형법(제41조)이 정하는 형의 종류에는 사형, 징역, 금고, 자격상실, 자격정지, 벌금, 구류, 과료, 몰수 등 9종이 있다. 사형은 생명을 박탈하는 것이므로 생명형이라고도 하며, 징역 · 금고 · 구류는 금고를 함으로써 범죄인의 자유를 박탈하는 것이므로 자유형이라 하고, 자격상실 · 자격정지는 명예를 박탈하므로 명예형이라고 하며, 벌금 · 과료 · 몰수는 재산의 박탈을 내용으로 하므로 재산형이라 한다. 구류는 1일 이상 30일 미만의 기간 동안 교도소 또는 경찰서 유치장에 구치하는 형벌이다. 금고는 교도소에 감금만 하고 노역(勞役)은 시키지 않는 형벌이고, 징역은 죄인을 교도소 안에 가둬 일정한 기간 노동을 시키는 형벌로 자유형 가운데 가장 무거운 형벌이다.

8 • 사회복지사업법은 "누구든지 정당한 이유 없이 사회복지시설의 설치를 방해하여서는 아니 된다."라는 시설설치방해금지 규정(제6조 제1항)을 두고 "이에 위반한 자는 1년 이하의 징역 또는 1천만 원 이하의 벌금에 처한다(제54조 제1호)"라고 규정하고 있다. 대부분의 사회복지법은 이와 같은 징역 또는 벌금을 과하는 규정을 두고 있다. 행정형벌은 보통 행위자뿐만 아니라 법인도 함께 처벌하는 양벌규정의 형태(사회복지사업법 제56조)를 갖추고 있어서, 법률상 의무위반의 실질적 책임이 있다고 생각되는 법인뿐만 아니라 행위자인 본인도 함께 처벌하도록 규정하여 법 집행의 실효성을 높이고 있다.
• 사회복지사업법은 사회복지법인이 아닌 자의 사회복지법인 용어 사용의 금지(제31조), 법인의 재산 취득 시 시 · 도지사에의 보고의무(제24조) 등의 규정을 위반한 자에게 300만 원 이하의 과태료가 부과된다(제58조).

생각해 볼 문제

1. 헌법 제34조 제1항에는 '모든 국민은 인간다운 생활을 할 권리를 가진다'라고 규정하고 있다. 사회복지법만의 특성이 있으려면 사회복지의 가치와 철학이 담긴 사회복지법이 제정되어야 한다. 이와 관련해서 '인간다운 삶이란 무엇인가?'라는 주제로 토론해보자.

2. 자기 또는 타인의 법익에 대한 현재의 부당한 침해를 방위하기 위한 행위로서 상당한 이유가 있는 경우에는 정당방위라 하여 벌하지 않는다(형법 제21조). 정당방위 성립요건은 현재의 부당한 침해가 있을 것, 자기 또는 타인의 법익을 방위하기 위한 행위일 것, 상당한 이유가 있을 때이다. 정당방위의 요건 중 다른 요건은 모두 갖췄으나 상당성의 요건을 결한 경우를 과잉방어라고 한다. 정당방위 인정 사례와 정당방위 부정 사례를 찾아보고 정당방위의 성립요건을 주제로 토론해보자.

제6장
법의 제정과 절차, 형식

제6장 법의 제정과 절차, 형식

법이 어떤 과정을 거쳐 법제화되는지 아는 것은 사회복지법의 구체적 법률 조항을 아는 것만큼이나 중요하다. 사회복지사가 사회복지 법률의 제정이나 개정의 필요성이 생겼을 때 어느 과정에 개입하고 실천해야 가능한지를 알 수 있기 때문이다. 이 장에서는 입법의 권한, 입법 절차, 사회복지법의 형식적 구성 등을 설명한다.

1. 입법

입법은 법을 제정하는 것이다. 입법권은 일반적이고 추상적인 법규범을 정립하는 권한이다. 헌법 제40조에 "입법권은 국회에 속한다."라고 규정함으로써 입법권은 국회의 권한으로 명시하고 있다.

국회의 입법에 관한 역할과 권한은 다음과 같다.

(1) 헌법개정안 제안·의결권

헌법에 규정된 개정 절차에 따라 특정 조항을 수정·삭제하거나 새로운 조항을 추가하여 헌법의 형식이나 내용에 변경을 가하는 것이다. 국회가 헌법개정과정에서 제안권과 의결권을 행사하는 것은 헌법 개정에 대한 국민적 합의의 가능성을 높이고자 하는 데 있다.

(2) 법률 제정·개정권

법치국가에 있어서 법률은 모든 국가작용의 근거가 되므로 법률의 제정·개정 및 폐지는 국회의 가장 중요하고 본질적인 권한이다.

(3) 조약 체결·비준 동의권

국회가 조약의 체결·비준에 대한 동의권을 행사하는 것은 조약이 국민의 권리·의무와 국가 재정에 상당한 영향을 미칠 뿐 아니라 국내법과 동일한 효력을 가지므로 이에 대한 국민적 합의를 형성하기 위한 것이다. 국회는 상호원조 또는 안전보장에 관한 조약, 중요한 국제조직에 관한 조약, 우호통상항해조약, 주권의 제약에 관한 조약, 강화조약, 국가나 국민에게 중대한 재정적 부담을 지우는 조약 또는 입법사항에 관한 조약의 체결·비준에 대한 동의권을 가진다.

입법은 국회뿐만 아니라 정부에서도 할 수 있다. 복지국가 이념 및 행정 현상의 복잡화 또는 전문화에 따라 입법 내용에 관한 정보를 주로 행정부가 소유하고 있기 때문에 입법에서 행정부의 역할이 증대되고 있다.

정부 입법은 행정기관이 제정한 법규범이다. 행정부에서 발의하는 법률, 법률에서 위임된 사항에 관한 규정을 제정하거나(시행령, 시행규칙)[1], 정책집행을 위한 행정기관 내부의 일관성 있는 운영규칙을 공식화한 행정규칙(고시, 훈령, 지시 등)[2]을 제정한다.

---

[1] 헌법 제52조, 제75조, 제95조에 근거한 행정입법인 대통령령, 총리령, 부령은 실정법상 시행령, 시행규칙으로 표현되고 있다. 통상 대통령령을 시행령이라 하고, 총리령과 부령을 시행규칙이라 한다.

[2] 행정규칙은 행정조직 내부에서 담당 공무원의 행정 사무처리를 위해 그 기준을 정한 것을 말한다. 행정규칙은 대외적 구속력을 가지지 않는다. 즉, 행정의 사무처리기준을 정한 행정규칙은 행정조직 내부에서만 집행공무원을 상대로 구속력을 미칠 뿐, 국민을 상대로 직접적인 효력을 갖지 않는다는 것이다. 집행공무원의 입장에서 행정규칙은 법령보다 훨씬 구체적이고 상세한 행정사무 처리기준을 정하고 있기 때문에 이에 따라 행정권을 행사하는 경우가 많다. 고시란 행정사무의 처리기준을 정하는 것이다. 훈령은 상급 기관이 하급 기관에 대하여 권한 행사의 내용을 지시하기 위하여 발하는 명령이다. 지시란 상급 기관이 직권 또는 하급 기관의 문의에 따라 개별적·구체적으로 발하는 명령을 말한다(최승원 외, 2018).

2. 입법 절차

입법 절차란 법령안의 입안부터 공포까지의 일련의 절차를 가리킨다. 입법 절차는 크게 성안, 심의, 공포로 구분된다. 입법 주체에 따라 국회의 입법 절차와 정부의 입법 절차로 나눌 수 있다.

1) 국회의 입법 절차

국회에서 이루어지는 법률안의 처리 과정은 다음과 같다.

일정한 입법 정책적 목적 아래 작성된 법률안의 국회 제출, 법률안 심의(소관 상임위원회 심사 후 국회 본회의 심의), 국회 의결, 의결된 법률안 정부에 이송, 국무회의 심의, 대통령 공포, 법률 시행(발효) 등으로 진행된다.

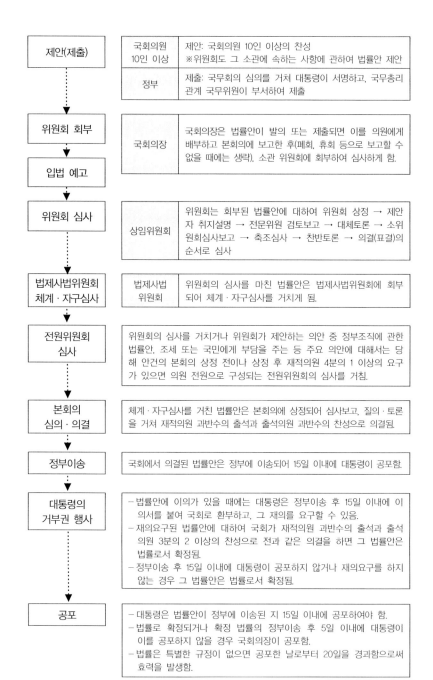

제안(제출)	국회의원 10인 이상	제안: 국회의원 10인 이상의 찬성 ※위원회도 그 소관에 속하는 사항에 관하여 법률안 제안
	정부	제출: 국무회의 심의를 거쳐 대통령이 서명하고, 국무총리 관계 국무위원이 부서하여 제출
위원회 회부	국회의장	국회의장은 법률안이 발의 또는 제출되면 이를 의원에게 배부하고 본회의에 보고한 후(폐회, 휴회 등으로 보고할 수 없을 때에는 생략), 소관 위원회에 회부하여 심사하게 함.
입법 예고		
위원회 심사	상임위원회	위원회는 회부된 법률안에 대하여 위원회 상정 → 제안자 취지설명 → 전문위원 검토보고 → 대체토론 → 소위원회심사보고 → 축조심사 → 찬반토론 → 의결(표결)의 순서로 심사
법제사법위원회 체계·자구심사	법제사법위원회	위원회의 심사를 마친 법률안은 법제사법위원회에 회부되어 체계·자구심사를 거치게 됨.
전원위원회 심사		위원회의 심사를 거치거나 위원회가 제안하는 의안 중 정부조직에 관한 법률안, 조세 또는 국민에게 부담을 주는 등 주요 의안에 대해서는 당해 안건의 본회의 상정 전이나 상정 후 재적의원 4분의 1 이상의 요구가 있으면 의원 전원으로 구성되는 전원위원회의 심사를 거침.
본회의 심의·의결		체계·자구심사를 거친 법률안은 본회의에 상정되어 심사보고, 질의·토론을 거쳐 재적의원 과반수의 출석과 출석의원 과반수의 찬성으로 의결됨.
정부이송		국회에서 의결된 법률안은 정부에 이송되어 15일 이내에 대통령이 공포함.
대통령의 거부권 행사		− 법률안에 이의가 있을 때에는 대통령은 정부이송 후 15일 이내에 이의서를 붙여 국회로 환부하고, 그 재의를 요구할 수 있음. − 재의요구된 법률안에 대하여 국회가 재적의원 과반수의 출석과 출석의원 3분의 2 이상의 찬성으로 전과 같은 의결을 하면 그 법률안은 법률로서 확정됨. − 정부이송 후 15일 이내에 대통령이 공포하지 않거나 재의요구를 하지 않는 경우 그 법률안은 법률로서 확정됨.
공포		− 대통령은 법률안이 정부에 이송된 지 15일 이내에 공포하여야 함. − 법률로 확정되거나 확정 법률의 정부이송 후 5일 이내에 대통령이 이를 공포하지 않을 경우 국회의장이 공포함. − 법률은 특별한 규정이 없으면 공포한 날로부터 20일을 경과함으로써 효력을 발생함.

출처: 국회 홈페이지

2) 정부 입법 절차

(1) 정부의 입법 절차: 법률

① 입법계획의 수립

입법계획제도는 입법 추진 시기를 검토·조정하여 정부 제출 법률안이 정기국회 등 특정 시기에 집중되지 않도록 하는 한편, 국정과제의 효율적인 추진과 국내외의 여건 변화에 신속하게 대응하기 위한 법적 기반이 적기에 마련될 수 있도록 정부 차원에서 입법계획을 관리하는 제도이다.

법제처장은 매년 정부입법계획 수립 지침을 마련하여 전년도 10월 31일까지 중앙행정기관의 장에게 통보하면, 각 중앙행정기관의 장은 해당 연도의 입법수요를 파악하여 법령안별로 입법의 필요성, 주요 내용, 추진 일정, 입법에 따라 예상되는 문제점 등을 포함한 입법계획을 수립하여 전년도 11월 30일까지 법제처에 제출하여야 한다.

제출된 입법계획에 대하여 법제처장은 정부 전체 차원에서 입법 추진 일정과 중복·상충하는 사항 등을 조정한 후 매년 1월 중에 국무회의에 보고한 후, 그 내용을 관보에 고시하고 인터넷 등을 이용하여 국민에게 알려야 한다.

② 법령안의 입안

어떤 정책을 결정한 후에 그 정책의 시행과 관련하여 입법이 필요하다고 판단되면, 정책의 주무 부처인 중앙행정기관이 그 소관 사항에 대하여 법령안을 입안한다.

일반적으로 정책 결정 과정에서 전문 연구기관에 의한 조사·

연구, 정책추진팀 또는 협의체의 구성 등을 통하여 정책의 내용에 관하여 심도 있는 논의를 하게 되는데, 법령안의 작성은 이러한 정책 결정 과정에서 검토·정리한 결과를 객관적인 언어로 구체화·규범화하는 과정이다.

③ 관계 기관과의 협의

법령안 주관기관이 법령안을 입안하면 그 법령안에 대하여 발생할 수 있는 이견을 사전에 조정하기 위하여 그 내용과 관련이 있는 관계 기관과의 협의 과정을 거치게 된다.

관계 기관과의 협의 기간은 10일 이상이 되어야 하지만, 법령안을 긴급하게 추진하여야 할 사유가 발생하는 등 특별한 사정이 있는 경우에는 법제처장과 협의하여 10일 미만으로 단축할 수 있다.

④ 사전 영향평가

행정기관이 법령을 제정·개정하려는 경우 법령에 내재하는 부패유발요인, 성평등에 미칠 영향, 지역인재 고용에 미치는 영향, 개인정보 침해요인, 정책과 제도의 집행·평가에 적합한 통계의 구비 여부, 자치분권 원칙에 대한 적합성 등을 체계적으로 분석·평가하여 그에 대한 사전 정비 및 종합적인 개선 대책을 마련하는 과정이다.

사전 영향평가는 개별법에 근거를 두고 있으며, 「부패방지 및 국민권익위원회의 설치와 운영에 관한 법률」에 따른 부패영향평가, 「성별영향평가법」에 따른 성별영향평가, 「지방대학 및 지역균형인재 육성에 관한 법률」에 따른 지역균형인재 고용영향평가, 「개인정보 보호법」에 따른 개인정보 침해요인 평가, 「통계법」에 따른 통계기반

정책평가, 「지방자치법 시행령」에 따른 자치분권 사전협의가 있다.

⑤ 입법예고

입법예고제도는 모든 법령을 제정·개정 또는 폐지하고자 할 때 법령안의 내용을 국민에게 예고하여 국민의 다양한 의견을 수렴하여 입법에 반영함으로써 입법과정에 대한 국민의 참여기회를 확대하고 입법내용의 민주화를 도모하며 법령의 실효성을 높여 국가정책을 효율적으로 시행하기 위한 제도이다.

입법예고는 법령안의 주요 내용, 의견 제출기관, 의견제출 기간, 홈페이지 주소 등을 명시하여 관보 및 통합입법예고 시스템에 공고하고, 그 밖에 신문·방송·인터넷 등의 매체를 이용하고 있다.

입법예고기간은 40일 이상으로 하여야 하고, 입법 내용이 국민의 권리 의무 또는 일상생활과 관련이 없는 경우, 입법 내용의 성질 기타 사유로 예고의 필요가 없거나 곤란하다고 판단되는 등의 경우에는 법제처장과 협의하여 예고를 생략하거나 예고기간을 단축할 수 있다.

⑥ 규제심사

법령안 주관기관의 장은 규제를 신설 또는 강화하는 내용의 법령을 제정하거나 개정하려는 경우에는 법제처에 법령안 심사를 요청하기 전에 규제영향분석서, 자체 심사의견 등을 첨부하여 규제개혁위원회에 규제심사를 받아야 한다.

⑦ 법제처 심사

법제처는 국무회의에 상정될 법령안·조약안과 총리령안 및 부령안의 심사와 그 밖에 법제에 관한 사무를 전문적으로 관장하기 위하여 정부수립시부터 설치된 국무총리소속 중앙행정기관으로 정부 입법의 총괄·조정, 법령심사, 법령해석, 법령 정비, 자치입법지원, 법령정보서비스 제공 등 정부 내에서 법제 업무의 총괄·조정기능을 수행하고 있다.

법령안 주관기관의 장이 법령안 원안을 확정하면 법제처에 법령안 심사를 의뢰하게 되는데, 법제처에서는 법령안의 자구·체계 등의 형식적 사항뿐만 아니라 헌법 이념 및 상위법과의 위반 여부, 다른 법령과의 중복·충돌 여부, 입법내용의 적법성 등 실질적인 사항에 대하여도 심사를 하여 원안을 수정·보완하게 된다.

이 과정에서 더욱 충실하고 공정한 심사를 위하여 법률안과 중요 하위법령안에 대하여는 처장 또는 차장이 주재하고 국장·법제심의관과 법제관 등이 참여하는 법령안합동심사회의를 거치게 된다.

법제처의 법령심사제도는 국민의 자유와 권리에 밀접한 관련이 있고 국가 운영에 기틀이 되는 법률이나 그 하위법령이 공포·시행되기 전에 헌법과 상위규범에 위반되거나 부적정한 내용의 규범이 되지 않도록 사전에 심사·조정하는 사전적 규범 통제제도로서의 역할을 수행하고 있다.

⑧ 차관회의·국무회의 심의

법률안과 대통령령안에 대한 법제처의 심사가 완료되면 그 법령안은 차관회의 및 국무회의의 심의를 거치게 된다.

차관회의는 국무회의에 상정될 의안의 중요사항을 사전에 심의하는 기능을 수행하고 있는데, 긴급한 경우에는 차관회의를 생략하고 바로 국무회의에 상정하여 심의할 수 있다.

⑨ 대통령 재가 및 국무총리와 관계 국무 위원의 부서

국무회의의 심의를 마친 법령안(법률안·대통령령안)은 국무총리 및 관계 국무 위원이 부서하고, 대통령이 재가한다.[3]

⑩ 국회 제출

대통령의 재가를 받은 법률안은 법제처에서 바로 대통령 명의로 국회에 제출한다.

⑪ 국회의 심의·의결

국회에 제출된 정부 제출 법률안은 국회의장이 본회의에 보고한 후 소관 상임위원회에 넘겨진다. 소관 상임위원회에서는 전체 회의 또는 소위원회를 구성하여 법률안을 심사하며, 필요한 경우에는 공청회를 개최하여 이해관계인의 의견을 듣고 심사를 하기도 한다.

소관 상임위원회 전체 회의의 의결을 거친 법률안은 다시 법률안의 자구와 체계 심사를 위하여 법제사법위원회에 넘겨진다.

법제사법위원회에서 자구·체계가 정리된 법률안은 다시 국회 본회의에 넘겨진다.

---

3 부서는 법령이나 대통령의 국무에 관한 문서에 국무총리와 관계 국무 위원이 함께 서명하는 일 또는 그런 서명.

⑫ 공포안 정부 이송

국회 본회의를 통과한 법률안은 공포를 위하여 정부에 이송된다.

⑬ 국무회의 상정

법률안이 정부에 이송되어 오면 법제처는 국무회의 상정 안건의 작성요령에 따라 법률공포안을 작성하여 국무회의에 상정한다.

국무회의의 심의를 마치면 국무총리 및 관계 국무 위원이 부서하고, 대통령이 재가한다. 다만, 대통령은 국회에서 이송되어 온 법률안에 이의가 있을 때는 이송되어 온 후 15일 이내에 이의서를 붙여 국회로 환부하고 재의를 요구할 수 있다.

재의 요구된 법률안은 국회에서 재의에 부친 결과 재적의원 과반수의 출석과 출석의원 3분의 2 이상의 찬성으로 전과 같은 의결을 하면 법률로 확정되고, 대통령은 확정된 법률이 정부로 이송된 후 바로 공포하여야 한다.

⑭ 공포

법률안이 국회에서 정부로 이송되어 국무회의의 심의를 거쳐 대통령의 재가를 받거나, 대통령령안이 국무회의의 심의를 거쳐 대통령의 재가를 받았을 때 그 법률안 및 대통령령안은 법제처에서 공포번호를 부여한 후 행정안전부에 공포를 위한 관보게재 의뢰를 하여 공포하게 된다.

법률안 및 대통령령안은 관보에 게재되어 공포됨으로써 각각 법률 및 대통령령으로서 성립하게 된다.

부령 및 총리령은 법제처 심사가 완료된 후 소관 부처에서 해당 부령의 공포번호를 부여하고(총리령의 경우에는 국무총리의 결재를 받고, 법제처에서 공포번호를 부여한다) 행정안전부에 공포를 위한 관보게재 의뢰를 하여 공포하게 된다.

(2) 정부의 입법 절차: 대통령령

정부의 입법 절차 중에서 대통령령은 법률의 경우보다 절차가 간단하다.

① 법령안의 입안

② 관계 기관과의 협의

③ 사전 영향평가

④ 입법예고

⑤ 규제심사

⑥ 법제처 심사

⑦ 차관회의 · 국무회의 심의

⑧ 대통령 재가 및 국무총리와 관계 국무 위원의 부서

⑨ 공포를 통해 절차가 종료된다.

(3) 정부의 입법 절차: 총리령 · 부령

정부의 입법 절차 중에서 총리령과 부령은 대통령령보다 간단하다.

① 법령안의 입안

② 관계 기관과의 협의

③ 사전 영향평가

④ 입법예고

⑤ 규제심사

⑥ 법제처 심사

⑦ 공포를 통해 절차가 종료된다.

■ 현행 법령 현황(2021. 6. 1. 기준)

구분		건수
헌법		1
법령	법률	1,534
	대통령령	1,798
	총리령	90
	부령	1,292
계		4,715

출처: 법제처

3. 사회복지법의 형식적 구성

1) 법령 형식

사회복지법은 일반적 형식으로 본문과 부칙으로 구성된다. 본문은 법의 구체적인 내용을 규정한 부분으로 총칙, 실제 규정, 보칙, 벌칙이 해당한다. 부칙은 법의 시행일이나 적용을 위한 특별한 적용사항을 규정하는 기술적인 부분이다.

법령의 총칙은 해당 법 전반에 공통으로 적용되는 기본적이고 원칙적인 사항을 규정한 것으로 법령의 앞부분에 위치한다. 일반적으로 총칙에는 법령의 목적, 기본이념, 정의, 국가와 지방자치단체의 책임 등의 규정을 두고 있다.

법령의 실제 규정은 법령의 본체를 이루는 규정으로 법령의 가장 핵심적인 내용이 포함된다. 실제 규정은 총칙 다음에 위치하며, 법령마다 그 내용을 달리하고 있다.

보칙은 법령의 기본 규정을 보충하기 위하여 만든 것으로 법령의 총칙과 실제 규정에 규정하기에는 적합하지 않은 절차적 · 기술적 · 보충적인 사항에 관한 규정이다.

벌칙은 법령의 실효성을 담보하기 위한 목적으로 보충적이며 최종적으로 사용되어야 할 수단이다

부칙은 법령의 마지막 부분에 위치하며, 법의 시행일이나 적용을 위한 특별한 적용사항을 규정하고 있다.

▌법령 형식 예시

법률명	국민기초생활보장법

본문	제1장 총칙
	  제1조 목적
	  제2조 정의
	
	  ....
	제2장 급여의 종류와 방법
	제2장의2 자활 지원
	제3장 보장기관
	제4장 급여의 실시
	제5장 보장시설
	제6장 수급자의 권리와 의무
	제7장 이의신청
	제8장 보장비용
	제9장 벌칙

부칙	제1조 시행일 제2조 다른 법률의 폐지 .... 제13조 다른 법령과의 관계

2) 조문 형식

법령의 본문은 '조'로 구분하며, 조의 내용을 구분할 때 '항'으로 세분할 수 있다. 항은 '① ────'형식으로 작성한다. 항의 내용을 다시 구분할 필요가 있을 때는 '호'로 세분할 수 있으며 호는 '1. ─────'로 작성한다. 호를 '목'으로 세분할 수 있으며 목은 '가. ──────'형식으로 작성한다.

▌조문 형식 예시

국민기초생활보장법 제43조	
제43조(보장비용의 부담 구분) ① 보장비용의 부담은 다음 각 호의 구분에 따른다.	제43조 제1항
1. 국가 또는 시·도가 직접 수행하는 보장업무에 드는 비용은 국가 또는 해당 시·도가 부담한다.	제43조 제1항 제1호
4. 시·군·구가 수행하는 보장업무에 드는 비용 중 제42조제3호 및 제4호의 비용(이하 이 호에서 "시·군·구 보장비용"이라 한다)은 시·군·구의 재정여건, 사회보장비 지출 등을 고려하여 국가, 시·도 및 시·군·구가 다음 각 목에 따라 차등하여 분담한다.	제43조 제1항 제4호
가. 국가는 시·군·구 보장비용의 총액 중 100분의 40 이상 100분의 90 이하를 부담한다.	제43조 제1항 제4호 가목
나. 시·도는 시·군·구 보장비용의 총액에서 가목의 국가부담분을 뺀 금액 중 100분의 30 이상 100분의 70 이하를 부담하고, 시·군·구는 시·군·구 보장비용의 총액 중에서 국가와 시·도가 부담하는 금액을 뺀 금액을 부담한다. 다만, 특별자치시·특별자치도는 시·군·구 보장비용의 총액 중에서 국가가 부담하는 금액을 뺀 금액을 부담한다.	제43조 제1항 제4호 나목

생각해 볼 문제

1. 국회의원의 역할을 알아보자.
2. 「장애인차별금지법」의 제정 과정을 알아보고 사회복지사들이 거시체계를 변화시켜야 하는 이유가 무엇인지 토론해보자.

제7장
한국 사회복지법의 역사

제7장 한국 사회복지법의 역사

모든 인간의 삶은 분명히 현재를 중심으로 이루어진다. 하지만 우리를 둘러싼 대부분 사회·문화적 구성물은 현재 인간들의 독자적인 발명품이라기보다 과거의 영향을 받은 것이다. 특히 법은 사회적 산물이며 정치적 타협의 결과물이며 시대에 따라 변화하는 생물체이다. 사회복지법은 시대의 변화와 요구를 반영하여 제정되고 그 내용이 개정되었다. 한국 사회복지법의 역사를 일제 강점기, 미군정기, 정부 수립과 6·25동란기, 1960년대, 1970년대, 1980년대, 1990년대, 2000년대 이후로 구분하고 그 시대적 배경과 중요한 사회적 이슈를 중심으로 살펴보고자 한다.[1]

1. 일제 강점기의 사회복지 입법

일제 강점기의 사회복지 입법은 일제의 식민 통치 수단으로 이루어졌다. 일제 강점기의 사회복지법은 공공부조제도와 관련이 크다. 일제 강점기의 구제사업은 근대적인 복지이념에 의해 시행되었다기보다는 그들 식민정책의 일부로서 우리 민족이 그들에게 충성하게 하려는 정치적인 목적을 갖는 시혜 또는 자선적 의미가 컸다.

일제 강점기 일본은 한국의 사회복지정책이나 법제에는 관심을 두지 않았다. 따라서 이 시기의 사회복지 입법은 1944년 조선구호령 정도에 그쳤고, 임시 조치들과 극히 한정된 구호만이 이루어졌다.

조선구호령은 형식적으로는 우리나라의 근대적인 공공부조제도

---

1 우리나라 사회복지법은 제정된 날짜와 시행되는 날짜가 다른 경우가 많아서 주의가 필요하다.

의 기원이 되었다. 조선구호령은 구빈 목적이라기보다는 전시 동원 체제 아래의 식민지 통치의 효율성을 높이기 위한 목적이 있었다. 주요 내용으로는 65세 이상의 노쇠자, 13세 이하의 아동, 임산부, 불구, 폐질, 질병, 상병, 기타 정신 또는 신체장애로 노동에 지장이 있는 자를 대상으로 하며 생활 부조, 의료부조, 조산 부조, 생업 부조, 장제 부조 등이 있다. 구호는 신청주의에 따라 실시되며, 이를 심사하기 위한 자산조사를 거치도록 규정하고 있고, 구호는 거택보호를 원칙으로 하며 예외적으로 구호시설 수용, 위탁수용을 할 수 있도록 규정하고 있다.

이 시대의 조선구호령은 광복 후 미군정기를 거쳐 1961년에 생활보호법이 제정되기까지 한국의 공공부조 기본법으로서의 위치에 있었다는 점에서 사회복지 입법에서의 역사적 의미는 있다.

2. 미군정기의 사회복지 입법

미군정기는 8·15해방 후 3년간(1945. 9. 8.~1948. 8. 15.)에 걸친 기간으로 일제 강점기와 대한민국이라는 독립국 형성 사이의 과도기적 단계이다. 미군정하의 구호 행정의 법적·제도적 근거는 형식상으로는 일제 강점기의 법을 계승하고 있으나, 그것보다는 군정법령 및 몇 가지 업무처리준칙에 의해 이루어졌다. 당시의 빈곤 정책은 광범위한 요구호자들의 긴박한 필요에 대응하는 임시적인 구호사업 중심으로 전개되었다. 미군정기 보건 후생 정책은 기아의 방지, 최소한의 서민 생계유지, 보건 위생 및 치료, 응급주택 공급 등에 중점을 두었으나 획기적 사업추진이나 장기계획은 시행하지 않았다.

미군정기의 사회복지 입법의 특성은 적극적이고, 계획적이며 장기적으로 이루어지지 않고, 주로 빈곤과 사회적 혼란에 대처하기 위한 구호적·응급적인 대책으로서의 성격을 가진다.

미군정기의 사회복지 입법은 '후생국보 3호'(1946. 1. 12.)와 '후생국보 3A호'(1946. 1. 14.), '후생국보 3C호'가 있다.

'후생국보 3호'의 C항은 공공구호를 규정하고 있는데, 이는 조선구호령과 유사하게 구호의 대상이 65세 이상 된 자, 6세 이하의 부양할 소아를 가진 모, 13세 이하의 소아, 불치의 병자, 분만 시 도움을 필요로 하는 자, 정신적·육체적 결함이 있는 자로서, 구호시설에 수용되지 않고, 가족이나 친척의 보호가 없고, 노동할 수 없는 자로 규정하였다. 구호내용으로는 식량, 주택, 연료, 의료, 의류, 매장으로 분류하였다.

'후생국보 3A호'는 이재민과 피난민에 대한 구호를 규정하였다. 구호내용으로는 식량, 의류, 숙소, 연료, 주택 부조, 긴급 의료, 매장, 차표 제공 등을 들 수 있다.

'후생국보 3C호'는 빈궁한 백성과 실업자에 대한 구호규칙으로서 거택구호 시 세대 인원에 대한 지급한도액을 규정하고 있다.

3. 정부 수립과 6·25동란기의 사회복지 입법

1948년 8월 15일 대한민국 정부가 수립된 이후에도 한국전쟁을 경험하면서 체계적인 사회복지 입법을 할 수 있는 사회경제적 상황이 되지 않았다. 결국, 한국의 사회복지는 미국을 중심으로 한 외국 원조에 의존할 수밖에 없었는데, 여러 외원기관이 전쟁이재민과 고아, 과부, 부상자와 장애인들에게 응급적인 구호를 제공하였다.

사회복지에 대한 정부의 이해 부족과 함께 복지를 실현할 수 있는 물적 토대와 기술과 지식이 부족하였다. 이 시기의 사회복지 정책의 특징은 외국 민간원조단체(외원단체)가 주축이 되어 고아원, 양로원 등 수용시설을 중심으로 한 미국식 사회사업개념이 도입되었다는 것이다. 새로운 복지제도가 조성되지는 않았으나 복지제도의 방향 설정에 중요한 계기가 되었다.

1948년 7월 17일 헌법이 제정되었다. 헌법 전문에서 "민주주의제제도를 수립하여 정치, 경제, 사회, 문화의 모든 영역에 있어서 각인의 기회를 균등히 하고 능력을 최고도로 발휘케 하며 각인의 책임과 의무를 완수케하여 안으로는 국민생활의 균등한 향상을 기하고 밖으로는 항구적인 국제평화의 유지에 노력하여 우리들과 우리들의 자손의 안전과 자유와 행복을 영원히 확보할 것을 결의"하고 있다.

4. 1960년대 사회복지 입법

1961년 박정희의 5·16 군사쿠데타로 만들어진 군사정부는 민심을 수습하고 쿠데타 권력의 정당성을 인정받기 위해 가난으로부터 국민을 구제하겠다는 혁명 공약을 내걸고 많은 입법을 추진하였다. 이때 산업화와 경제정책을 위한 법이 중요하게 준비되었고 그 중에 사회복지 입법도 추진되었다. 사회복지 입법은 형식은 존재하지만, 내용이 보잘것없었다. 소위 선언적 내용과 임의규정의 법 내용으로 핵심적인 사항이 시행되지 못하였다.

1960년대와 1970년대 권력을 장악한 군사정권은 실질적으로 사회복지에 별 관심이 없었다. 군사정권의 정통성을 확보하기 위한 수단을 경제성장과 산업화에서 찾고 있었기 때문에 사회복지를 위한 투자는 비생산적이고 경제성장을 저하하는 요인으로 간주하였다.

하지만 군사쿠데타의 정당성을 보이기 위해 1960년대 초 여러 가지 사회복지 관련 법률들을 형식적인 수준에서나마 입법화하였다.

1) 공무원연금법

1960년 1월 1일 제정과 동시에 시행함으로써 공무원(군인 포함) 이라는 특수직역을 대상으로 국가 책임 하에 운영하는 공적 연금제도인 공무원연금제도가 시작되었다.

공무원연금제도는 공무원·군인의 퇴직 또는 사망과 공무로 인한 부상·질병·폐질에 대하여 적절한 급여를 시행함으로써, 본인과 그 유족의 생활 안정과 복리 향상에 이바지함을 그 목적으로 하고 있다.

2) 생활보호법

1961년 12월 30일에 제정된 생활보호법은 노령·질병 등으로 인하여 생활 능력이 없는 자를 보호함으로써 사회복지의 향상에 이바지하려는 것을 목적으로 하였다.

이 법의 제정으로 우리나라 빈곤 구제정책이 정착되고 공공부조사업이 본격 실시되기 시작하였다. 그러나 이 법은 1944년 일제 강점기에 제정된 조선구호령과 유사한 측면이 많았다. 보호 대상자는 부양의무자가 없는 자로서 65세 이상의 노쇠자, 18세 미만의 아동과 임산부, 불구·폐질·상이 기타 심신장애로 인하여 근로 능력이 없는 자와 기타 보호해야 하는 자로 하였다. 보호의 종류는 생계 보호, 의료 보호, 해산 보호, 상장 보호(장제 보호)였다.

3) 아동복리법

1961년 제정된 아동복리법으로 보호가 필요한 아동들을 대상으로 보육사업이 본격적으로 실시되게 되었다. 1981년 아동복리법이 아동복지법으로 전면 개정되면서 모든 아동을 대상으로 하는 복지사업을 시행하게 되었다.

4) 군인연금법

1963년 제정된 군인연금법은 공무원연금법의 내용 가운데 군인연금 부분을 분리하여 별도의 법으로 제정한 법이다. 공무원연금법에서 독립하여 군인을 대상으로 한 특수직역연금을 신설하였다.

5) 산업재해보상보험법

1963년 제정되고 1964년 시행된 산업재해보상보험법은 사업장에서 일하는 근로자들이 업무수행 중 또는 업무수행과 관련하여 부상·질병·신체장애 또는 사망하였을 때 근로자 본인의 치료나 본인과 부양가족의 생계를 보장하기 위한 법이다. 일반 국민을 대상으로 한 첫 번째 사회보험 입법이 이루어졌다. 우리나라 5대 사회보험 가운데 제일 먼저 제정된 법이다.

6) 사회보장에관한법률

1963년 제정된 사회보장에관한법률은 사회보장 전반에 대한 기본법이다. 이 법에서는 사회보장을 사회보험에 의한 제 급여와 무상으로 행하는 공적 부조를 말한다고 정의하였다.

전문이 7개 조에 지나지 않아 상징적 의미만 있는 법률이었다.

따라서 형식적이며 가식적이라는 비판도 받았다. 기본법으로서 실제적 의미가 있기에는 미비하였다. 이 법은 1995년 사회보장기본법이 제정되면서 폐지되었다.

7) 의료보험법

의료보험법은 1963년 12월에 국민의 질병·부상·분만 또는 사망 등에 대하여 보험급여를 시행하기 위해 제정되었으나, 법안 심의과정에서 사회보장제도의 주요한 원칙인 강제적용의 원리가 삭제되고 임의적용으로 바뀌었다. 이후 1970년 8월 강제가입과 임의가입을 가미한 개정 법률이 새로이 마련되었지만, 정부의 소극적인 태도와 의료계의 반대로 시행령을 개정하지 못함으로써 또다시 제도의 본격적인 시행이 유보되었다. 의료보험제도를 실시할 수 있는 경제적·기술적 여건의 미비로 인하여 1977년 7월 1일에 가서야 500인 이상 사업장을 중심으로 강제적용을 하는 사회보험제도로 실시되었다. 이 법은 1999년 국민건강보험법으로 대체되었다.

5. 1970년대 사회복지 입법

1960년대 경제개발 계획이 성공적으로 수행됨으로써 산업화·도시화 현상이 나타나기 시작했고, 절대빈곤에서 탈피하여 고도의 경제성장을 이룩하게 되었다. 하지만 산업화·도시화 현상은 필연적으로 각종 사회문제를 발생시켰다. 특히 빈부의 격차가 심해져 상대적 박탈감과 위화감이 사회에 팽배하여 사회적 불안이 조성되었다. 가족구조 역시 핵가족화가 촉진되는 상황에서 사회복지 입법에 관심이 높아졌다. 외원단체의 원조 활동이 점차 줄어들고 정부의 재정부담이 늘어나면서 사회복지제도의 토착화 기반을 조성하였다. 1960년대 부실하였던 각종 사회복지 입법이 한층 내실화되고 발전하였다.

1) 사회복지사업법

1970년 제정된 사회복지사업법은 사회복지사업에 관한 기본적 사항을 규정한 기본법이다. 외원기관들이 본국으로 철수하고 우리나라의 민간 사회복지 활동을 활성화하기 위한 법률 기반이 필요하여 제정하였다.

2) 국민복지연금법

1973년 제정된 국민복지연금법은 경제적 불황과 사회현실의 여건 부족을 이유로 그 시행을 10여 년 동안 보류하여 사실상 유명무실화되었다. 형식상으로는 1988년에 시행된 국민연금의 기초가 되었다.

3) 개정(강제적용) 의료보험법

1963년 제정된 의료보험법은 강제가입제도가 아닌 임의가입제도여서 강제가입을 원칙으로 하는 사회보험의 역할을 상실하였다. 이 법은 1976년 12월 전면 개정되어 1977년 1월 1일 공무원, 교직원, 군인을 제외한 500인 이상 사업장근로자를 대상으로 최초로 강제적용방식을 도입한 직장의료보험을 실시하였다.

4) 의료보호법

정부에서는 경제적 취약계층을 대상으로 체계적인 의료혜택을 제공하기 위하여 1977년에 의료보호법을 제정하였다. 2001년 의료급여법으로 대체되었다.

5) 공무원 및 사립학교 교직원 의료보험법

1977년 공무원 및 사립학교 교직원 의료보험법이 제정되었다. 공무원과 사립학교 교직원을 대상으로 하는 강제가입의 의료보험으로, 의료보험법 개정으로 500인 이상 사업장근로자를 대상으로 직장의료보험이 시작되는 것에 발맞춰 제정되었다.

6. 1980년대 사회복지 입법

1979년 10 · 26 사건[2]으로 유신체제[3]가 종말을 고하고 제5공화국[4]이 들어섰다. 제5공화국은 정통성 시비, 군사정부 이래 지속하여 온 선 성장정책에 따른 소득분배의 불평등 및 빈부격차, 지역 간 개발격차, 산업화 · 도시화에 따른 다양한 사회문제, 가치관의 분열, 그리고 민주화를 위한 학생 · 재야 세력의 지속적인 반정부 투쟁, 정부 불신 등으로 국민적 통합을 이루지 못하였다. 제5공화국은 출범과 함께 '복지사회의 구현'을 사회목표로 설정하면서, 건국 이래 사회복지에 대한 논의가 가장 고조되었던 시기라고 할 수 있다.[5]

---

2 1979년 김재규가 박정희 대통령을 살해한 사건.
3 대통령의 권한을 크게 강화하고 국민의 기본권을 제한하는 제도.
4 1980. 5. 17. 군사쿠데타로 전두환 정권의 제5공화국 시작.

이 시기에는 복지 대상자에 대한 사회복지서비스법이 마련되고 최저임금제도 마련 및 국민연금법 제정이 이루어졌으며 의료보험 대상자가 확대되는 등 기본적인 복지제도의 틀이 갖추어졌다.

1) 사회복지사업기금법

사회복지사업기금법은 1980년 전반적인 사회문제에 대처하여 사회복지사업을 획기적으로 확충하기 위한 재원 확보와 효율적인 관리를 위하여 사회복지사업기금을 설치·운영하려는 목적에서 제정되었다. 기금은 정부 출연금 이외에도 정부 이외의 자가 기부하는 현금, 물품 기타 재산 등으로 조성하도록 하였으며, 사회복지시설의 확충과 기타 사회복지사업 등에 사용하도록 하였다. 사회복지공동모금법이 시행되면서 사회복지사업기금법은 1998년에 폐지되었다.

2) 아동복지법

기존의 아동복리법을 1981년에 아동복지법으로 전면 개정하였다. 아동복리법은 구호적 성격의 복지제공에 중점을 두고 있어 그동안의 경제·사회의 발전에 따라 발생한 사회적 복지요구에 부응하지 못해서 요보호 아동뿐만 아니라 일반 아동을 포함한 전체 아동의 복지를 보장하고 특히 유아기에서의 기본적 인격·특성과 능력 개발을 조장하기 위한 여건을 조성할 수 있게 하려고 개정하였다.

---

5 전두환 정권의 제5공화국은 군사쿠데타와 5·18 광주학살을 통해 집권하였기 때문에 권력의 정당성을 확보하고 민심을 얻기 위하여 공포정치를 단행하면서도 유화적인 조처를 해야 했다. 그리하여 국정 목표를 정의로운 복지사회의 구현으로 내세웠다.

3) 심신장애자복지법

1981년 유엔이 '세계장애인의 해'를 선포하자, 우리나라에서는 심신장애자복지법이 제정되었다. 1988년 서울 장애인올림픽 개최를 계기로 장애인에 대한 사회적 관심이 높아짐에 따라 심신장애자복지법은 1989년 장애인복지법으로 전면적인 개정이 이루어졌다.

4) 노인복지법

1981년 6월 5일 제정, 공포된 노인복지법은 의약 기술의 발달과 문화생활의 향상으로 평균수명이 연장되어 노인 인구의 절대 수가 많이 증가하는 한편 산업화, 도시화, 핵가족화의 진전에 따라 노인 문제가 점차 큰 사회문제로 대두되고 있음에 대처하여 우리 사회의 전통적 가족제도에 연유하고 있는 경로효친의 미풍양속을 유지·발전시켜 나아가는 한편 노인을 위한 건강 보호와 시설의 제공 등 노인복지시책을 효과적으로 추진함으로써 노인복지의 증진에 이바지하기 위한 것이다.

5) 사회복지사업법 전면 개정

1983년 전면 개정으로 복지 증진의 책임이 국가와 지방자치단체에 있음을 명문화하였다. 사회복지사업종사자를 사회복지사로 명칭 변경하였다. 사회복지사 자격을 1급에서 3급으로 구분하였다.

6) 국민연금법

1986년에는 국민연금법이 국민복지연금법을 대체하여 개정되면서 1988년 시행되었다. 국민연금법은 국민의 노령·폐질 또는 사망에 대하여 연금급여를 시행함으로써, 국민의 생활 안정과 복지 증진에 이바지함을 목적으로, 기존의 국민복지연금법을 전면 개정하여 14년간의 휴면기를 끝내고 1988년부터 본격 실시되었다.

7) 최저임금법

1986년 12월 31일 노동자에 대하여 임금의 최저수준을 보장하기 위해 최저임금법을 제정하였다. 이 법은 근로자에 대하여 임금의 최저 수준을 보장하여 근로자의 생활 안정과 노동력의 질적 향상을 꾀함으로써 국민경제의 건전한 발전에 이바지하는 것을 목적으로 한다.

8) 모자복지법

1989년 모자복지법이 제정되었다. 배우자의 사별, 이혼, 유기, 별거 등의 사유로 배우자가 없거나 배우자가 있어도 폐질·불구 등으로 장기간 근로 능력을 상실하여 여성이 생계의 책임을 지는 모자가정이 늘어나자, 이들 모자가정이 자립·자활할 수 있도록 생계보호·교육 보호·생업 자금융자·주택제공 등을 통하여 모자가정의 건강하고, 문화적인 생활을 보장하기 위해 제정하였다. 모자복지법(1989)은 이후 모·부자복지법(2003)으로 대체되었고, 다시 한부모가족지원법(2008)으로 대체되었다.

9) 장애인복지법

1981년 제정된 심신장애자복지법을 개정하여 1989년 12월 20일 장애인복지법을 제정하였다.

7. 1990년대 사회복지 입법

1990년대는 정치적 발전을 어느 정도 이루었고 1988년 노태우 정권, 1993년 김영삼 정권, 1998년 김대중 정권이 차례로 평화적 정권교체를 이룬 시기이다. 경제적으로 보면 1990년대 중반까지는 안정적인 성장을 이루다 1997년 IMF 외환위기[6] 이후 급속한 하락 국면을 맞이하게 되고, 이후 많은 사회적 문제들이 발생하였다. 기업의 연쇄 부도와 경제난의 가중, 기업과 금융 등 사회 모든 부문의 구조조정으로 명예 퇴직자와 실업자의 양산, 실직노숙자의 문제, 가정파탄, 자살, 알코올중독, 과로사, 생활 범죄 등의 문제가 사회문제로 표출되었다.

이 시기에는 사회복지입법의 내실화가 이루어지고 주변적인 부분에까지 확대되고 개편되었다.

1) 영유아보육법

영유아보육법은 1991년에 제정되었다. 현대사회의 산업화에 따른 여성의 사회참여 증가 및 가족구조의 핵가족화에 의한 탁아수요의 급증에 따라 아동보호와 교육 문제는 개인적인 차원을 넘어 사회적 · 국가적 차원에서 해결이 불가피하게 되었으나, 현행 아동복지법에 따른 탁아사업은 시설 설립 주체의 제한으로 인한 보육사업 확대 곤란, 관장 부처의 다원화로 체계적이고 효율적인 보육사업

---

6 1997년 12월 대한민국이 국가 부도 위기에 처해 국제통화기금으로부터 자금을 지원받아 국가 부도 사태를 면한 사건이다. 1년여간의 IMF 관리 체제 끝에 외환위기에서 벗어났고, 2001년 8월 23일 IMF 관리 체제가 종료되었다. 국제통화기금인 IMF(International Monetary Fund)는 경제발전과 세계무역의 촉진을 위해 설립된 국제기구이다. 회원국들의 금융 안전과 국제적인 통화협력 촉진, 국가 간 자유무역의 확대, 고용 및 지속 가능한 경제성장의 촉진을 목적으로 하는 국제금융기구이다.

추진 등에 문제점이 있으므로, 영유아의 보호와 교육에 관한 별도의 입법을 통하여 보육 시설의 조속한 확대 및 체계화로 아동의 건전한 보호·교육 및 보육자의 경제적·사회적 활동의 지원을 통하여 가정복지증진을 도모하기 위해 제정되었다.

이 법은 영유아의 심신을 보호하고 건전하게 교육하여 건강한 사회 구성원으로 육성함과 아울러 보호자의 경제적·사회적 활동이 원활하게 이루어지도록 함으로써 영유아와 가정의 복지 증진에 이바지함을 목적으로 한다.

2) 고용보험법

적극적 고용정책의 하나로 근로자의 직업능력 개발·실업 예방 및 고용기회의 확대 등을 도모하고, 근로자의 실업으로 인한 경제·사회적인 어려움을 해소하는 것을 주된 내용으로 하는 고용보험제도를 시행함으로써 근로자의 생활 안정 및 경제·사회발전에 이바지하려는 목적으로 1993년 법을 제정하여 1995년 7월부터 시행하였다.

3) 사회보장기본법

사회보장에관한법률(1963)의 형식적이고 가식적인 한계로 새로운 입법이 필요하게 되어 사회보장에관한법률을 폐지하고 1995년 사회보장기본법을 제정하였다. 우리나라의 경제·사회의 발전 수준과 국민의 복지 욕구에 부합하는 사회보장제도를 확립하여 국민복지의 증진을 도모하기 위하여 제정하였다.

4) 정신보건법

정신보건법은 1995년 12월 30일 제정되고 1996년 12월 31일 시행되었다. 생활환경의 급격한 변화로 인하여 정신질환자가 증가함에 따라 정신질환을 예방하고 정신질환자에 대한 효율적인 의료 및 사회 복귀를 위하여 필요한 사항을 정함으로써 국민의 정신건강 증진에 이바지하려는 목적에서 제정하였다.

5) 사회복지공동모금법과 사회복지공동모금회법

사회복지공동모금법은 1997년 3월 27일 제정되고 1998년 7월 1일 시행되었다. 관 주도의 성금 모금 및 관리·운영을 지양하고 민간단체가 이웃돕기의 성금을 직접 모금·배분 및 관리함으로써 이웃돕기운동의 자율성을 보장하며 민간의 참여를 활성화하려는 목적에서 제정되었다. 이 법에 따라 전국 단위의 전국공동모금회와 특별시·광역시·도 단위의 지역공동모금회가 독립된 사회복지법인으로 설립되었다. 또한 기존의 사회복지사업기금법에 따라 조성된 사회복지사업기금 중 남은 금액이 전국공동모금회에 이관되었다.

이후 1999년 3월 31일 전부개정을 통해 사회복지공동모금회법으로 법명을 변경하여 지금에 이르고 있다. 1999년의 개정에서 사회복지공동모금회를 사회복지법인으로 설립하고, 지역 단위의 사회복지사업을 관장하기 위하여 특별시·광역시·도에 사회복지공동모금회 지회를 두도록 하였다.

6) 국민건강보험법

국민건강보험법이 1999년 2월 8일 제정되었고 2000년 1월 1

일 시행되었다. 의료보험법 및 국민의료보험법은 폐지되었다.

국민건강보험법 제정을 통해 지역과 직장 의료보험이 완전히 통합되는 국민건강보험제도를 구축하였다. 국민건강보험공단과 건강보험심사평가원이 출범하였다.

의료보험법(1963) - 국민의료보험법(1997) - 국민건강보험법(1999)

7) 국민기초생활보장법

기존의 나이 제한이 있던 생활보호법을 폐지하고, 모든 국민의 최저생활보장의 권리라는 측면을 강조한 국민기초생활보장법이 1999년 제정되어 2000년부터 시행되었다.

1997년 IMF 외환위기 이후 초유의 대량실업으로 절대빈곤 계층이 대량 발생하여 사회 전체적으로 위기에 처하였다. 공공부조제도는 자본주의사회의 최후의 사회적 안전망이다. 그러나 생활보호제도는 사회적 안전망의 기능을 제대로 수행하지 못하였다. 이와 같은 문제는 기존 생활보호제도의 나이가 18세 미만과 65세 이상이었고, 폐질자나 임산부와 같은 근로 무능력자로서 부양의무자가 없는 제한된 인구계층만 실시되었기 때문에, 대량실업 발생에 따른 18세 이상 64세 미만의 근로 능력 빈민들의 생존 문제를 내버려 둘 수밖에 없었다.

국민기초생활보장법은 저소득 국민, 영세 도시 빈민, 실업자 등을 지원하여 빈곤 문제에 대한 사회안전망의 기초를 튼튼히 하는 한편, 빈곤 가구별로 자활 지원계획을 수립하고 그에 맞는 자활급여를 실시함으로써 빈곤의 장기화를 방지하기 위해 제정하였다.

8. 2000년대 이후부터 지금까지 사회복지 입법

이 시기에는 IMF 외환위기를 벗어나기 위한 노력 가운데 사회적 안전망의 정비가 중요한 사회적 관심을 끌게 되었다. 이후 생산적 복지, 적극적 노동 시장 정책 등이 국가의 주요 정책 방향으로 제시되었고, 이후 여러 법률의 개정과 장애인복지 영역의 세부 법률 제정이 이루어졌다. 저출산, 고령화 등 사회환경의 변화에 따른 입법이 적극적으로 이루어지고 있다.

1) 장애인고용촉진 및 직업재활법

장애인고용촉진 및 직업재활법이 2000년 제정되었다. 장애인이 그 능력에 맞는 직업 생활을 통하여 인간다운 생활을 할 수 있도록 장애인의 고용 촉진과 직업 재활 및 직업안정을 도모하기 위하여 제정하였다.

2) 의료급여법

의료보호법을 국민기초생활보장법의 내용에 따라 의료급여법으로 대체하였다. 생활이 어려운 저소득 국민의 건강을 증진하기 위하여 의료급여 수급 기간의 제한을 폐지하여, 연중 기간 제한 없이 의료급여를 받을 수 있도록 하고, 운영상 나타난 미비점을 전반적으로 개선·보완하기 위하여, 의료보호법을 대체하는 의료급여법을 2001년 제정하였다.

3) 긴급복지지원법

긴급복지지원법은 2005년 12월 23일 제정되었고 2006년 3월 24일 시행되었다. 소득 상실, 질병 등 갑자기 위기 상황이 발생했을 때 누구든지 쉽게 도움을 청하고 필요한 지원을 받을 수 있도록, 지역사회의 각종 복지자원을 활용하여 위기 상황에 처한 사람을 조기에 발굴할 수 있는 체계를 갖추고 필요 지원을 신속하게 하며, 기존의 공공부조제도나 사회복지서비스와 연계하고자 제정하였다. 주소득자의 사망, 갑작스럽게 큰 병에 걸려서 생계유지가 어려운 경우, 화재 등으로 살 곳이 없어졌을 때 등 위기 상황에 처한 자를 일시적으로 신속하게 지원하는 것을 기본원칙으로 한다.

이 법은 5년이란 시한이 정해진 한시법으로 2010년 12월 22일까지 유효한 법으로 제정되었으나, 법 개정을 거쳐 영속적인 법으로 개정되었다.

4) 장애인차별금지 및 권리구제 등에 관한 법률(장애인차별금지법)

모든 생활영역에서 장애를 이유로 한 차별을 금지하고 장애를 이유로 차별받은 사람의 권익을 효과적으로 구제함으로써 장애인의 완전한 사회참여와 평등권 실현을 통해 인간으로서의 존엄과 가치를 구현하려는 목적에서 2007년 4월 10일 제정되었고, 2008년 4월 11일 시행되었다.

5) 노인장기요양보험법

노인장기요양보험법은 2007년 4월 27일 제정되었고 2008년 7

월 1일 시행되었다. 인구의 고령화가 빠르게 진행됨에 따라 치매·중풍 등 일상생활이 어려운 노인의 수가 증가하고 있으나, 핵가족화·여성의 사회참여 증가 등으로 장기요양이 필요한 노인을 가정에서 돌보는 것이 어렵고 그 가정의 비용부담이 과중하여 노인장기요양 문제를 사회적 연대원리에 따라 정부와 사회가 공동으로 해결하고자 하는 목적에서 제정하였다.

6) 기초노령연금법과 기초연금법

기초노령연금법은 2007년 4월 25일 제정되었고 2008년 1월 1일 시행되었다. 노인이 후손의 양육과 국가 발전에 이바지하여 온 점을 고려하여 생활이 어려운 노인에게 기초노령연금을 지급함으로써 노인의 생활 안정을 지원하고 복지를 증진하기 위해 기초노령연금법을 제정하였다.

이후 2014년부터 기초연금법이 제정·시행되면서 기존의 기초노령연금법은 폐지되었다.

7) 다문화가족지원법

다문화가족지원법은 2008년 제정되었다. 결혼이민자와 그 자녀 등으로 구성되는 다문화가족은 언어 및 문화적 차이로 인하여 사회부적응과 가족 구성원 간 갈등 및 자녀교육에 어려움을 겪고 있었다. 따라서 다문화가족의 구성원이 우리 사회의 구성원으로 순조롭게 통합되어 안정적인 가족생활을 영위할 수 있도록 하기 위한 가족 상담·부부교육·부모교육 및 가족 생활교육 등을 추진하고 문화의 차이 등을 고려한 언어통역, 법률상담 및 행정지원 등의 전문적인 서비스를 제공하도록 하는 등 다문화가족에 대한 지원정책의 제도적인 틀을 마련하려는 목적에서 제정되었다.

8) 사회보장급여의 이용·제공 및 수급권자 발굴에 관한 법률 (사회보장급여법)

사회보장급여의 이용·제공 및 수급권자 발굴에 관한 법률은 2014년 12월 30일 제정되었고 2015년 7월 1일 시행되었다.

늘어나는 복지예산과 서비스의 다양화에도 불구하고 현행 복지 전달체계가 중앙행정기관별·지방자치단체별로 분절 운영되어 서비스의 효율적 연계를 기대하기 어렵고, 같은 대상자에게 복지혜택이 중복하여 제공되거나 송파구에서 생활고를 비관한 세 모녀가 동반 자살하는 사건[7]이 발생하는 등 도움이 절실한 계층이 복지의 사각지대에 놓이는 사례가 동시에 발생하고 있었다.

이 법은 「사회보장기본법」에 따른 사회보장급여의 이용 및 제공에 관한 기준과 절차 등 기본적 사항을 규정하고 지원을 받지 못하는 지원 대상자를 발굴하여 지원함으로써 사회보장급여를 필요로 하는 사람의 인간다운 생활을 할 권리를 최대한 보장하고, 사회보장급여가 공정하고 효과적으로 제공되도록 하며, 사회보장제도가 지역사회에서 통합적으로 시행될 수 있도록 그 기반을 구축하는 것

---

7 2014년 2월 서울 송파구에 사는 세 모녀가 큰딸의 만성 질환과 어머니의 실직으로 인한 생활고에 시달리다가 "정말 죄송합니다"라는 메모와 함께 갖고 있던 전 재산인 현금 70만 원을 집세와 공과금으로 놔두고 번개탄을 피워 자살한 사건을 일러 송파 세 모녀 자살 사건이라 한다. 송파 세 모녀 자살 사건을 계기로 '세 모녀'와 같이 극심한 생활고를 겪으면서도 제도적인 지원을 받지 못하는 사람들을 찾아내고 지원하는 제도를 마련하기 위해 '세 모녀법'이 제정되었다. 세 모녀법은 '국민기초생활보장제도 개정안', '긴급복지지원법 개정안', '사회보장급여의 이용·제공 및 수급권자 발굴에 관한 법률'을 지칭한다.

을 목적으로 한다.

9) 정신건강증진 및 정신질환자 복지서비스 지원에 관한 법률 (정신건강복지법)

정신건강증진 및 정신질환자 복지서비스 지원에 관한 법률은 2016년 5월 29일 제정, 2017년 5월 30일 시행되었다.

기존의 정신보건법의 명칭을 바꾸고, 미흡했던 점을 개선·보완하였다. 정신질환자의 범위를 중증정신질환자로 축소 정의하여 정신질환자 차별을 해소하고, 정신건강증진의 장을 신설하여 일반 국민에 대한 정신 건강서비스 제공 근거를 마련하였으며, 강제입원 절차를 개선하여 정신질환자의 인권을 보호하고자 하였다.

10) 아동수당법

아동수당법은 아동 양육의 경제적 부담을 덜고 아동의 건강한 성장 환경을 조성하며, 양육에 대한 국가의 책임성을 강화하고자 제정하였다. 2018년 3월에 제정되고 9월에 시행되었을 때는 지급 대상을 6세 미만(71개월까지) 아동으로 하고 경제적 수준이 상위 10%인 가구는 제외하였다. 그러나 모든 아동에게 주는 것보다 자산조사로 상위 10% 가구를 제외하는 데 드는 행정비용이 더 크다는 비판과 국민을 구분한다는 비판이 전문가를 중심으로 확산되면서, 2019년 1월 개정되어 같은 해 4월부터는 소득 수준과 관계없이 6세 미만 모든 아동으로 대상이 확대되었고, 같은 해 9월부터는 지급대상이 1세 상향되어 7세 미만(83개월까지) 아동 모두에게 1명당 월 10만 원씩 지급하게 되었다. 아동수당법은 사회수당법으로 보편적 프로그램인 데모그란트(demogrant)[8]이다.

11) 고독사 예방 및 관리에 관한 법률(고독사예방법)

고독사 예방 및 관리에 관한 법률은 2020년 3월 31일 제정되었고, 2021년 4월 1일 시행되었다.

최근 우리나라에서는 가족으로부터 단절되고 사회적으로도 고립된 채 홀로 임종을 맞이하는 고독사가 사회적인 문제로 주목받고 있다. 고독사 예방을 위하여 고독사에 대한 정확한 실태조사 및 체계적인 조사·연구를 바탕으로 대상자의 특성에 맞는 지원체계를 마련하는 등 국가적 차원의 통합적이고 체계적인 정책 추진이 필요하였다. 고독사를 체계적으로 예방·관리할 수 있는 법적 근거를 마련함으로써 고독사로 인한 개인적·사회적 피해를 방지하고, 국민의 복지 증진에 이바지하기 위해 제정되었다.

이 법은 고독사 예방 및 관리에 필요한 사항을 규정함으로써 고독사로 인한 개인적·사회적 피해를 방지하고 국민의 복지 증진에 이바지함을 목적으로 한다. 이 법에서 "고독사"란 가족, 친척 등 주변 사람들과 단절된 채 홀로 사는 사람이 자살·병사 등으로 혼자 임종을 맞고, 시신이 일정한 시간이 흐른 뒤에 발견되는 죽음을 말한다.

---

8 사회보장제도에서 비기여·비자산조사 형태이다. 국적이나 인구학적 조건(노인, 아동 등)만 충족시키면 별도의 기여(보험료)나 자산조사(소득·재산조사) 없이도 급여를 지급하는 형태이다. 사회적 권리를 가장 강하게 보장하고, 보편주의 원칙에 가장 가까운 형태이다.

9. 한국 사회복지법 발달의 특징

첫째, 우리나라 사회복지 입법의 제정은 정치적 동기와 밀접한 관련이 있다. 대통령선거를 전후로 주로 사회복지법들이 입법되었는데, 이는 제정과 시행의 동기가 사회적 불안의 회피 및 정치 권력의 획득을 위해 선거시기를 전후하여 입법화되는 경향이 있었다.

둘째, 사회복지법의 적용대상이 일부 계층을 위한 선별주의에서 전 국민을 대상으로 하는 보편주의로 확대되었다. 우리나라 대부분의 사회보험법은 제도 시행 초기에는 매우 한정된 범위의 국민을 대상으로 하다가 점차 범위를 보편적으로 확대해가는 경향을 보였다. 건강보험과 연금보험의 경우 초기 실시 대상 계층이 상대적으로 소득이 높은 계층인 직장인과 공무원이라는 점에서 일반적인 선별주의적 특성과는 다르다는 점을 유의하여야 한다.

셋째, 사회복지법의 형성과정에 있어 시민이나 단체의 적극적인 활동이 1990년대부터 점진적으로 활성화되었다. 소위 법적 소송과 같은 사법적 권리구제 활동이 두드러지고 있다.

넷째, 사회복지법의 제정에 있어서 조사나 공청회를 거치는 등 치밀한 준비를 해야 하지만 공약의 실천이나 대의명분만을 내세워 제정하거나 외국법을 모방하여 제정하는 경우가 많아 제도 간의 상호연계성과 통합성이 없는 입법이 되는 경우가 많았다.

생각해 볼 문제

1. 1997년 IMF 외환위기 이후 「국민기초생활보장법」이 제정된 이유를 알아보자.
2. 현재 어떤 사회복지법이 필요한지 생각해보고 법안을 만들어보자.

제8장
사회복지조례

제8장 사회복지조례

지방자치제도의 시행과 그에 따른 지방분권 추진은 지역사회복지에 관심을 불러왔다. 지방자치단체별로 지역형 복지제도를 시행하고 있다. 지역사회복지를 실현하는 것은 해당 지역의 특수한 사회복지와 관련된 문제를 찾아 해결을 모색하고 사회복지조례로 제정하는 과정이라고 할 수 있다. 사회복지사가 지역사회복지 실현을 위해서는 사회복지조례가 무엇인지 알고 사회복지조례의 기능과 내용을 아는 것이 필요하다.

1. 지방자치

1) 지방자치의 개념

지방자치는 지방이라고 하는 국가 일부분인 일정 물리적 지역 안의 범위에 거주하는 주민들이 스스로 자기들의 대표자를 선출하고, 그들이 일정 범위의 자치권을 행사할 수 있는 공공단체를 구성하게 하여, 그 지방의 일을 주민들의 의사와 책임 하에 스스로 결정하고 처리하는 정치제도를 말한다. 지방자치를 실시한다는 것은 지역 중심의 지방자치단체가 독자적인 자치기구를 설치해서 그 자치단체의 고유사무를 국가의 간섭 없이 스스로 책임 아래 처리하는 것을 말한다. 지방자치란 다음의 세 가지가 결합한 정치 분권화 제도라고 할 수 있다(유태균, 2020).

• 국가나 중앙과 대비되는 개념으로서 지방(local)[1]이라고 하는, 국가 일부분인 일정 지역

• 지역에 관한 일을 자신들의 권한과 책임 하에 스스로 처리할 의사가 있고 실제로 일 처리에 참여하는 지역주민

• 지역의 일을 처리하기 위해 국가로부터 일정한 권한과 재원을 넘겨받아 자치권[2]을 가진 공공단체

지방자치제도는 지역 문제의 신속한 처리, 정확한 정보의 전달, 주민 참여를 통한 책임성과 능률성 향상, 행정상의 실험이 가능하여 지역을 단위로 독자적인 사업을 추진할 수 있으며, 다른 지역에 참고가 되어 모범적인 사례로 도입되거나 같은 시행착오를 예방한다는 점에서 긍정적인 측면이 있다. 하지만, 지방자치제도는 자치단체의 관할 구역을 넘어 발생하는 문제의 해결에서 각 자치단체의 입장이나 이익을 지나치게 중시하여 광역적 문제의 해결이 지연될 수 있으며, 국가적으로 일정한 수준을 유지해야 하는 행정서비스가 자치단체 간 재정 격차로 인해 균등한 행정이 이루어지기 어려울 수가 있다는 점에서 부정적인 측면도 존재한다.

---

1 지방(local)은 특정한 지리적 경계를 의미하는 지역(region)과 구별된다. 지역은 사회라는 말과 어울러서 지리적인 경계 내에서의 정체성을 의미하는 비정치적 개념이라면, 지방은 '중앙'과 대비되어 한 국가의 일원적 행정 체계 내에서 법적·제도적으로 구획된 공간의 단위를 의미한다. 즉 지방은 중앙과의 '힘의 불균형적 관계' 속에서 중앙에 의존하거나 종속된 정치·경제적 구분에 따른 개념이라고 할 수 있다. 이러한 '지방'에서의 민주주의는 정치적, 행정적, 재정적으로 독립적이고 자율적인 지방정부가 필요하다(강원택, 2016).

2 지방자치권의 종류에는 지방입법권, 자치행정권, 자치사법권, 자치조직권, 자치재정권 등이 있다. 자치입법권은 지방정부가 독자적으로 법규를 제정하는 권한이다. 자치행정권은 지방정부가 순수한 지방 사무인 고유사무를 독자적으로 처리할 수 있는 권한을 의미한다. 자치조직권은 조례나 규칙 등의 형식으로 지방정부의 조직을 독자적으로 구성할 수 있는 권한을 의미한다. 자치재정권은 지방정부가 배분된 기능을 수행하는 데 필요한 경비를 충당하기 위해 중앙정부의 간섭을 받지 않고 독자적으로 그 재원을 조달하고 관리할 수 있는 권한을 말한다. 한국의 경우 지방정부가 독자적으로 법원을 구성하여 재판하는 것은 허용하고 있지 않으므로 자치사법권은 주어지지 않고 있다(강원택, 2016).

사회복지에서 지방자치제도가 가지는 의미는 지역주민의 복지 증진과 삶의 질 향상을 위하여 지역사회 차원에서 지역사회복지를 실현할 수 있는 제도적 장치로써 작용하기에 충분하다는 점에 있다 (김광병, 2014).

2) 우리나라 지방자치제도의 연혁

헌법 제8장 제117조에서 "지방자치단체는 주민의 복리에 관한 사무를 처리하고 재산을 관리하며, 법령의 범위 안에서 자치에 관한 규정을 제정할 수 있다."라고 규정하고 있어 지방자치의 법적 근거를 두고 있다. 지방자치법 제1조에 "지방자치단체의 종류와 조직 및 운영에 관한 사항을 정하고, 국가와 지방자치단체 사이의 기본적인 관계를 정함으로써 지방자치행정을 민주적이고 능률적으로 수행하고, 지방을 균형있게 발전시키며, 대한민국을 민주적으로 발전시키려는 것을 목적으로 한다."라고 규정하고 있다.

우리나라에서 근대적 의미의 지방자치가 시도된 것은 1948년 대한민국 정부가 수립된 다음 해인 1949년 「지방자치법」이 제정되면서부터이다. 1949년 7월 4일 지방자치법이 공포되었으나 실시가 유예되다가 1952년에 지방의회의원 선거가 시행되었다. 이후 여러 차례의 법 개정을 거쳐 제2공화국 시절인 1960년 12월 지방자치가 시작되었다. 그러나 1961년 5월 16일 군사쿠데타가 일어나고 이른바 군사혁명위원회 포고 제4호에 따라 지방의회가 해산되고 지방자치단체장들은 내각과 도지사가 임명하도록 하였다. 같은 해 9월 1일에는 「지방자치에 관한 임시조치법」을 제정하여 우리나라 지방자치제도에서 자치적 요소를 전면적으로 철폐하였다.

1972년에 제정된 유신헌법에서는 지방의회를 조국 통일이 있을 때까지 구성하지 않는다는 부칙조항을 두었다.

복잡한 정치 상황과 이해관계에 얽혀 우여곡절을 겪은 뒤 비로소 1991년 3월 26일 기초자치단체 선거가 시행되었다. 지방자치단체장의 선거는 1995년에 실시되었다.

3) 지방자치단체의 종류와 계층구조

지방자치단체는 일반적으로 설립목적과 기능에 따라 보통지방자치단체와 특별지방자치단체로 구분된다(강원택, 2016).

보통지방자치단체는 그 조직과 수행사무가 일반적이고 보편적인 지방자치단체를 말한다. 보통지방자치단체는 다시 광역지방자치단체와 기초지방자치단체로 나뉜다. 광역지방자치단체는 특별시, 광역시, 특별자치시, 도, 특별자치도를 말하며 일반적으로 '시 · 도'라고 한다. 우리나라 광역지방자치단체는 전국에 걸쳐 17개 자치단체가 구성되어 있다. 서울특별시와 6개의 광역시(부산 · 대구 · 인천 · 광주 · 대전 · 울산), 8개의 도(경기 · 강원 · 충북 · 충남 · 전북 · 전남 · 경북 · 경남) 그리고 세종특별자치시와 제주특별자치도가 있다. 광역지방자치단체를 제외한 나머지 시(자치구가 없는), 자치구, 군을 기초지방자치단체라고 한다.

특별지방자치단체는 설치 목적에 따라 특정 행정사무를 처리하기 위해 설치한 행정사무형 자치단체와 공기업의 경영을 위해 설치하는 기업 경영적 자치단체, 그리고 설치 주체에 따라 주민이 특수 전문적 사무를 처리하기 위해 설치한 특별지방자치단체(특수사무단체)와 지방자치단체가 광역의 사무를 처리하기 위해 설치한 특별자치단체(광역사무단체) 등으로 세분될 수 있다. 우리나라의 경우 지방자치법 제2조 제3항에서 "특정한 목적을 수행하기 위하여 필요하면 따로 특별지방자치단체를 설치"할 수 있도록 하고 있다. 우리나라는 16개 시·도가 설치한 지역상생발전기금조합을 비롯하여, 부산·진해 경제자유구역청 등의 특별지방자치단체가 설립되어 있다.

우리나라 지방자치단체의 계층구조는 기본적으로 광역자치단체인 특별시, 광역시, 시, 도, 특별자치도, 특별자치시와 기초자치단체인 시, 군, 구의 2층제 구조이다. 지방자치법 제3조에 따르면 "특별시, 광역시, 특별자치시, 도, 특별자치도는 정부의 직할(直轄)로 두고, 시는 도의 관할 구역 안에, 군은 광역시, 특별자치시나 도의 관할 구역 안에 두며, 자치구는 특별시와 광역시, 특별자치시의 관할 구역 안에 둔다."라고 규정하고 있다. 여기에서 특별시는 서울특별시를 의미하며, 서울특별시에는 종로구, 중구 등과 같은 자치구를, 부산·대구·인천·광주·대전·울산 등의 광역시에는 구와 군을, 경기·강원·충북·충남·전북·전남·경북·경남 8개의 도는 시와 군을 기초자치단체로 두고 있다. 특별자치도인 제주도와 특별자치시인 세종시는 따로 하위의 자치단체를 두고 있지 않은 단층제 구조를 취하고 있다.

지방자치법 제3조 제2항에 "특별시·광역시 및 특별자치시가 아닌 인구 50만 이상의 시에는 자치구가 아닌 구를 둘 수 있고, 군에는 읍·면을 두며, 시와 구(자치구를 포함한다)에는 동을, 읍·면에는 리를 둔다."라고 규정하고 있다. 제3조 제3항에 "시에는 도시의 형태를 갖춘 지역에는 동을, 그 밖의 지역에는 읍·면을 두되, 자치구가 아닌 구를 둘 경우에는 그 구에 읍·면·동을 둘 수 있다."라고 규정하고 있다. 여기에서 언급된 자치구가 아닌 구나 자치시가 아닌 시, 그리고 읍·면·동 등은 행정구역을 의미한다. 지방자치단체가 행정기능도 동시에 수행하기 때문에 우리의 경우 행정단위의 계층구조는 3계층에서 4계층으로 구성된다(그림 참조).

제주특별자치도의 제주시와 서귀포시는 자치단체가 아닌 행정시이며, 그 하위에 읍·면·동을 두어, 행정계층구조로는 3층제이지만 지방자치단체 계층구조로는 단층제이다. 이와 유사하게 세종특별시는 지방자치단체이지만 그 하위에는 행정기관인 읍·면·동만 두고 있어, 행정계층구조는 2층제, 지방자치단체 계층구조는 단층제이다.

❚ 우리나라의 지방자치단체와 행정기관

• 특별시=서울특별시, 특별자치도=제주특별자치도, 특별자치시=세종특별시
• ( )의 숫자는 2020년 12월 31일 현재 자치단체 수
• 자료: 행정안전부, 2021년 지방자치단체 행정구역 및 인구 현황
• 그림 참고: 강원택(2016), p.127

4) 지방자치단체의 조직

지방자치단체의 조직은 의결기관과 집행기관으로 나눈다. 국가의 통치 조직이 입법부, 행정부, 사법부라는 삼권으로 분립되는데 반해 우리나라 지방자치단체는 입법부 즉 국회에 해당하는 지방의회와 행정부에 해당하는 집행기관의 두 가지만 존재한다.

지방의회[3]는 지역주민으로부터 선출된 의원들로 구성되어 지방정부의 의사를 결정하는 의결기관이며, 집행기관을 감시하는 주민대표기관이다. 지방의회는 주민을 대표하여 조례안과 예산안을 의결하며, 주요 정책을 심의·결정하는 동시에 행정이 올바르게 수행될 수 있도록 집행기관에 대한 감시·감독권을 행사한다. 지방의회가 결정한 의사는 바로 주민의 의사로 간주하며, 지역주민 전체를 위한 공공의 혜택과 비용을 배분하는 정책 결정 기관이라는 점에서 지방의회는 지역주민의 대표자, 수탁자[4]로서 해야 할 역할이 요구된다.

지방자치단체의 집행기관은 법령에 따라 전속적 권한에 속한 사무의 집행과 지방의회에서 의결된 사항을 구체적으로 실현한다. 지방자치단체 집행기관은 순수 지방적 사무라 할 수 있는 고유사무의 처리는 물론이고 중앙정부로부터 위임받은 위임사무도 처리하는 기관이므로 이중적 지위를 갖는다. 즉, 고유사무를 처리할 때는 지방자치단체 기관의 지위를 가지며, 위임사무를 처리할 때는 국가기관의 지위를 가진다.

집행기관에는 지방자치단체의 대표 지위를 갖는 지방자치단체장이 있다. 우리나라의 광역자치단체인 특별시, 광역시, 도의 경우에 시장, 도지사가 있으며, 기초자치단체인 시, 군, 구에는 시장, 군수, 구청장이 있다.

지방자치단체장은 지방자치단체의 법령에 따라 자신에게 위임된 사무를 관리·집행하는 행정기관이며 지방자치단체 행정의 최고책임

---

3 헌법 제8장 제118조에는 "지방자치단체에 의회를 둔다."라고 규정하고 있다. 지방자치법 제30조에는 "지방자치단체에 주민의 대의기관인 의회를 둔다."라고 규정하고 있어 모든 지방자치단체에는 지방의회가 설치되어 있다.

4 위탁을 받은 사람.

자이다. 국가 사무의 위임, 사무의 관리 및 집행권, 사무의 위임 등, 직원에 대한 임면권 등의 권한이 있다.[5] 지방자치단체장은 지역주민이 보통, 평등, 직접, 비밀선거로 선출하며 임기는 4년이다.

집행기관의 보조 기관으로는 부단체장, 행정기구 및 공무원이 있다. 부단체장에는 특별시와 광역시 등에는 부시장, 도에 부지사, 시에 부시장, 군에 부군수, 자치구에 부구청장을 두고 있다. 그리고 지방자치단체는 지방 사무를 수행하기 위하여 행정기구를 설치하고 그 소속으로 지방공무원을 둔다. 행정기구의 설치와 지방공무원의 정원은 대통령령으로 정하는 기준에 따라 그 지방자치단체의 조례로 정하는데, 이때 행정안전부장관은 지방자치단체의 행정기구와 지방공무원의 정원이 적정하게 운영되고 다른 지방자치단체와의 균형이 유지되도록 하는 데 필요한 사항을 권고할 수 있다.

2. 사회복지조례

1) 조례의 중요성과 기능

지방자치제도가 실시되는 현실에서 조례의 제정과 개정은 매우 중요한 의미가 있다(윤찬영, 2013).[6] 조례는 규범의 적용을 받게 되는 지역주민에게 더욱 가까이 있는 자가 규범을 제정하도록 함으로써 입법자와 지역주민의 간격을 좁히고, 지역 특성을 고려해야 하는 입법자의 부담을 경감시켜 탄력적 규율을 가능하게 한다. 일반적으로 법률이 추상성이나 보편성을 띠고 있고 시행령이나 시행규칙은

---

5 지방자치법 제6장 집행기관 참고.
6 헌법, 법률, 명령(시행령, 시행규칙) 등이 중앙정부가 제정하는 법규범이라면, 조례와 규칙은 지방자치단체가 정하는 법규범이다. 조례가 지방정부에서의 법률에 해당한다면, 규칙은 명령에 해당하는 것이다.

중앙정부의 판단과 사정에 따라 제정되는 것이기 때문에 지역주민들의 욕구를 충족시키기 어려운 점이 있다. 조례의 제정이 활성화되면 지역주민의 의사를 최대한 반영하여 욕구를 충족시킬 수 있다. 따라서 지방자치 시대에는 조례의 중요성이 더욱 강조된다.

조례의 중요한 기능을 법률과의 관련성 속에서 정리해보면 다음과 같다.

첫째, 조례는 새로운 규범을 창조하는 기능을 한다.

조례는 이른바 '살아있는 법'으로서 일상생활 가운데 지역주민들을 지배하는 불완전하고 미성숙한 행위규범을 완전히 성숙한 제정법으로 유도하는 기능을 수행할 수 있는 것이다.

둘째, 조례는 법률의 제정을 선도하는 기능이 있다.

일반적으로는 법률제정 후에 조례를 제정하는 절차를 생각하게 되지만, 반대로 지역주민들의 욕구를 수렴하여 조례의 제정이 이루어지고, 이것이 다른 지역으로 확산하여 전국적 쟁점이 된다면 전국 단위의 입법까지 연결될 수도 있는 것이다.

셋째, 조례는 법률을 보완하는 기능을 한다.

조례는 추상적 지방자치 행정이나 지역사회 관련 법규범을 창조적으로 입법함으로써 법률의 공백을 메우고 국가의 정책 전환을 촉구함으로써 법령을 보완하는 결과를 가져오게 할 수 있다.

넷째, 조례는 법률과 사회적 현실 간의 괴리를 조정하는 기능을 한다.

헌법을 정점으로 하는 법질서와 일상생활을 규율하는 행위규범이 항상 일치하는 것은 아니다. 그러므로 조례는 이러한 법질서와 사회적 사실 간의 괴리를 제거하는 조정기능에서 법률보다 순발력 있는 현실 적합성을 가질 수 있는 것이다.

2) 사회복지조례의 중요성과 기능

1991년 지방자치제도의 부활과 1995년 제1차 동시 지방선거의 실시 이후 한국의 지방정부는 점점 더 높은 수준의 자치권을 누리고 있으며, 지방정부의 역할 확대에 대한 국민적 기대가 높아지고 있다. 사회복지에 관한 관심이 점점 커지는 것에 비례하여, 사회복지에 대한 지방정부의 역할 또한 중요하게 여겨지고 있으며, 여러 가지 제도 변화를 통해 지방정부의 역할과 권한이 확대되고 있다.

2003년 「사회복지사업법」 개정[7]으로 사회복지서비스에 대한 지방정부의 책임이 강화되었으며, 2005년 국고보조사업의 지방이양[8]으로 사회복지사업의 분권화가 본격화되었다. 이에 따라, 한국의 지방정부는 지역사회에서 사회복지서비스 전달자이자 관리자로서 역할하고 있으며, 때로는 자체사업[9]을 통해 사회복지서비스의 기획부터 관리까지 모든 것을 담당하기도 한다. 지방정치가 사회복지정

---

7 2003년 개정된 「사회복지사업법」에서 지역사회복지체계를 구축하기 위해 지방정부의 지역사회복지계획 수립을 의무화하고, 사회복지서비스에 대한 지방정부의 책임을 강화하였다. 2014년 「사회보장급여의 이용·제공 및 수급권자 발굴에 관한 법률」이 제정되면서 지역사회보장계획으로 명칭이 변경되고 많은 변화가 있었다.

8 2004년 「지방분권특별법」이 제정되었고, 이 법을 근거로 국고보조로 운영되는 전체 533개 사업 중에서 163개 사업을 지방자치단체로 이양하였다. 이 중에서 보건복지부는 총 138개의 부서 전체 사업 중에서 67개 사업을 지방자치단체로 넘겼다.

9 지방정부의 예산은 크게 국고보조사업과 자체사업으로 나뉘어 사용되는데, 이것은 사회복지사업에도 마찬가지로 적용된다. 국고보조사업은 중앙정부가 국가적 차원에서 결정한 사회복지정책에 대해 지방정부가 서비스 제공의 책임을 지는 형태의 사업을 의미한다. 이럴 때 사업에 대한 재정은 국고보조금 및 지방정부의 매칭으로 충당된다. 반면에, 자체사업은 지방정부 자치 재원을 통해 마련되는 사업으로 지방정부가 서비스에 대한 정책 결정부터 제공까지 모든 절차에 걸쳐 책임을 지고 있다. 지방정부 간 편차가 존재하는데, 어떤 지방정부는 높은 수준의 자체적 복지사업을 시행하는 반면에, 어떤 지방정부는 국고보조사업 이외 다른 자체 복지사업을 거의 시행하지 않고 있다(강원택, 2016).

책에 영향을 미치고 있다는 것이다.

지역사회복지를 실질적으로 보장하고 지방자치단체의 역할과 책임을 강화하려면 사회복지조례의 제정과 시행이 중요하다.[10] 지방자치법 제3장 제22조에는 "지방자치단체는 법령의 범위 안에서 그 사무에 관하여 조례를 제정할 수 있다."라고 규정하고 있다. 사회복지조례란 지방자치단체가 사회복지 사무에 관하여 지방의회 의결을 통해 제정하는 사회복지에 관한 자치법규라고 할 수 있다.

사회복지조례는 지역적 특성과 지역주민의 의사를 최대한 반영할 수 있는 직접적인 근거리 복지를 실천할 수 있어 해당 지역의 사회문제를 비롯한 지역사회의 위험과 욕구를 구체적이고 능동적으로 해결할 수 있어 실질적인 지역사회복지를 보장할 수 있게 된다.

사회복지법령은 모든 국민에게 적용되기 때문에 전국적으로 공통적이면서 획일적으로 적용하게 되어 지역적으로 구체적인 사회복지 특성이 반영되기 어렵다는 문제를 가지고 있다. 사회복지법령은 국민의 일상생활 가운데에서 발생하는 욕구와 문제 그리고 위험을 모두 해결할 수 없고 새롭게 발생하는 문제 등에 대하여 즉각 대응할 수 없다는 한계를 지니고 있다. 이러한 사회복지법령의 사각지대를 보완하여 사회복지조례는 순발력 있는 현실 적합성을 보일 수 있으므로 국가의 입법 부담을 줄여줄 수 있다.

사회복지조례는 지역적인 특성과 지역주민의 욕구를 최대한 반

---

10 국민기초생활보장법 제20조 제1항에는 '이 법에 따른 생활보장사업의 기획 · 조사 · 실시 등에 관한 사항을 심의 · 의결하기 위하여 보건복지부와 시 · 도 및 시 · 군 · 구(자치구를 말한다)에 각각 생활보장위원회를 둔다. 다만, 시 · 도 및 시 · 군 · 구에 두는 생활보장위원회는 그 기능을 담당하기에 적합한 다른 위원회가 있고 그 위원회의 위원이 제4항에 규정된 자격을 갖춘 경우에는 시 · 도 또는 시 · 군 · 구의 조례로 정하는 바에 따라 그 위원회가 생활보장위원회의 기능을 대신할 수 있다.'라고 조례로 규정하도록 하고 있다.

영한 규범을 제공할 수 있다. 사회복지조례는 지역사회 문제를 비롯한 지역사회의 위험과 욕구를 구체적이고 능동적으로 해결할 수 있다. 사회복지조례가 제정되면 지방자치단체 내에서 공식적인 제도가 되고, 지방자치단체와 지역주민 사이에 지역사회복지에 관한 권리·의무관계를 형성시켜 준다. 이를 통해 사회복지조례는 인간다운 생활 보장 및 그 상향 조정 그리고 지역 특성에 따른 균질하면서도 다양한 생활 여건을 유지하고 향상하도록 하여 지역주민의 실질적 권익이 보장된다.

3) 사회복지조례의 내용

지역사회복지에서 지방자치단체의 역할과 책임을 강화하려면 사회복지조례의 제정과 시행이 중요하다. 하지만 지방자치단체 대부분은 사회복지조례 제정에 소극적이다. 새로운 지역복지 프로그램이나 제도를 도입하는 것에 소극적인 이유로 재원의 부족을 내세우고 있다. 사회복지사는 지역주민의 복지 증진과 삶의 질 향상을 위해서 지방자치단체가 사회복지조례를 제정할 수 있도록 적극적 역할을 요구해야 한다.

지역사회복지실현을 위해서는 사회복지조례가 필요하며, 사회복지조례 제정을 통하여 지역사회복지가 실현되도록 실질적인 내용을 규율할 필요가 있다. 사회복지조례의 제정은 다음과 같은 내용으로 제정되는 것이 바람직하다(김광병, 2014).

첫째, 사회복지조례는 지역주민의 복지 증진과 삶의 질 향상을 위해 제정되어야 한다.

이러한 내용은 조례의 목적 규정 정도, 주민의 권리 정도, 지

방자치단체의 책임과 의무 규정 정도, 급여 및 서비스를 받는 과정
상의 방법 등으로 평가할 수 있다.

둘째, 지역적 최저 수준을 보장해야 한다.

국가가 사회복지법률을 통하여 국민의 최저 수준을 보장하고
있으므로 사회복지조례는 국가가 제공하는 최저 수준 이상이 되는
해당 지방자치단체만의 최저 수준을 보장해야 한다.

국민기초생활보장법에서 국민의 최저생활 수준을 보장하고 있
으므로 사회복지조례는 그 이상이 되는 지역적 최저생활을 보장할
수 있어야 한다. 또한, 이 원칙은 사회복지서비스 영역에서도 같이
적용될 수 있다. 제공되는 급여 및 서비스의 양적·질적 규정 정
도, 급여 및 서비스의 제공되는 기간의 규정 정도를 통해 보장 정
도를 알 수 있다.

셋째, 급여 및 서비스 종류의 다양성을 확보해야 한다.

급여 및 서비스에 대한 다양성 확보는 사회복지 권리 내용의
확장이라고 볼 수 있다. 지역주민의 문제 해결 및 욕구 충족은 급
여 및 서비스의 질적인 부분뿐만 아니라 양적인 종류에서도 적절히
마련될 때 비로소 가능하게 된다.

넷째, 대상자 선정에 특수성이 반영되도록 해야 한다.

해당 지역의 특성과 그로부터 발생한 지역주민의 욕구를 반영
하게 된다면 대상자는 다양한 지역주민들이 포함될 수 있다.

사회복지조례를 제정할 때 다양한 대상자가 선정될 수 있도록
해당 지역의 인구학적 특성, 사회적 특성, 경제적 특성 등을 반영
하여 문제나 욕구를 가진 지역주민들이 탈락하는 경우가 없도록 해
야 한다.

다섯째, 대상자 선정 요건이 까다롭지 않아야 한다.

대상자 선정 요건이 너무 복잡하고 과도하다면 대상자 접근을 차단 또는 포기하도록 하는 결과를 가져온다. 공급자 중심의 지역사회복지 제공 시스템에서 벗어나 수요자 중심의 지역사회복지가 실현될 수 있도록 선정 요건이 수월해야 한다. 여러 가지 이유로 대상자가 되기 위한 급여 및 서비스를 신청할 수 없는 지역주민들을 예방하기 위해서는 직권신청[11]도 가능하게 해야 할 것이다.

여섯째, 전달체계가 확보되어야 한다.

전달체계는 사회복지의 공급자와 대상자를 연결해 주는 조직으로 꼭 필요한 실효성 체계이다. 사회복지조례를 제정할 때는 관련 조직이 있어야 하고 이를 수행할 전문인력이 규정되어야 한다.

일곱째, 재정의 책임성을 확보해야 한다.

지역사회복지실천의 실질적인 성공 여부는 바로 재정에 있다. 재정이 마련되지 않는다면 유명무실해져 사회복지조례의 실효성을 확보할 수 없게 된다. 사회복지조례의 내용에는 재정의 책임성을 확보하기 위한 재정부담에 관한 규정을 강행규정으로 반드시 명시할 필요가 있다.

여덟째, 권리구제 절차가 마련되어야 한다.

권리구제 절차는 권리가 침해되었을 때 이를 되돌릴 수 있거나 구제받을 수 있도록 하는 절차로서 사회복지조례의 실효성을 확보할 수 있도록 한다. 권리로서 사회복지를 위해서는 사회복지조례에서 권리구제 절차를 반드시 규정하지 않으면 안 된다.

---

11 급여는 신청주의가 원칙이나 필요한 경우 동의를 전제로 사회복지전담공무원이 직권으로 신청할 수 있다.

생각해 볼 문제

1. 자치법규정보시스템에서 자신이 거주하고 있는 지역의 사회복지조례를 알아보자.
2. 현재 자신이 거주하고 있는 지역사회의 특성에 맞는 사회복지 서비스는 무엇인지 생각해보자.

제9장
사회복지구조와
법의 연계성

제9장 사회복지구조와 법의 연계성

　일반적으로 사회복지의 영역은 사회복지정책, 사회복지행정, 사회복지실천으로 구분된다. 사회복지 전반의 활동이 모두 법에 기초하여 운영되고 있으므로 사회복지정책, 사회복지행정, 사회복지실천과 사회복지법의 관계를 이해하는 것이 필요하다. 사회복지사는 입법 과정, 행정과정, 사법 과정에서 중요한 역할을 할 수 있다.

1. 사회복지구조와 법의 연계성

　사회복지정책이 실천으로 구현되기 위해서는 법이 필요하다. 사회복지정책의 내용을 구현하기 위해 대상을 규정하고 수행하는 기관, 인력, 재정 등을 구체적으로 제시하는 것이 사회복지법이다. 그리고 법의 내용에 따라 정책의 내용을 실천하는 것이 사회복지실천이다. 또한, 사회복지실천 현장에서의 요구가 제도적·권리적으로 사회복지정책을 통해 반영되고 이를 통해 사회복지법의 변화를 가져오게 된다.

1) 사회복지정책과 법과의 관계

　사회복지정책은 사회적 욕구나 사회문제에 대한 사회적 대응이다. 사회복지정책은 사회생활을 영위해 나가는 데 필요한 인간의 기본적 욕구를 충족시키거나 사회문제를 해결하기 위한 목적으로 사회복지제도 및 프로그램을 만들고, 가치를 권위적으로 배분하는 활동을 의미한다(송근원, 2004).

사회복지정책은 인간의 존엄성을 기본 가치로 하는 '인간 지향적인 정책'이라는 특징이 있다. 사회복지정책은 어떤 사람이든 누구나 인간의 존엄성을 지켜나가면서 인간으로서 대우받을 수 있는 생활을 보장하는 데 목적을 둔다. 인간의 존엄과 가치가 사회복지정책에 어떻게 구현되는가는 사회의 지배적 가치 체계에 의하여 결정된다. 따라서 사회의 관습, 전통, 가치의 변화는 사회복지정책의 내용에 영향을 미친다.

사회복지정책을 통해 누구에게 얼마나 무엇을 어떻게 배분해야 하는가에 대한 가장 기초적인 차원을 결정하게 된다. 이러한 대상, 급여, 전달체계, 재정에 관한 기초적인 차원은 사회복지정책의 모든 영역에 적용되게 되므로 이를 근거로 한 사회복지와 관련법들이 있어야 한다. 사회복지정책이 실질적으로 효력을 가지고 시행되기 위한 여러 가지 여건들을 조성하기 위해서는 강제력이 필요하다. 이러한 강제력에는 법적인 뒷받침이 필요하게 되고 구체적으로는 입법의 형태로 진행된다(김수정, 2019).

사회복지정책의 법제화 작업이 필요한 이유는 법에서 의무조항으로 만들어진 내용은 관련된 법이 개정되지 않는 한 지속하기 때문이다. 법령에 따르지 않고 추진되는 정책은 때에 따라 달라질 가능성이 크고 일관성 있게 추진되기 어렵다. 특히, 빈곤계층에 대한 사회보장, 노인이나 아동, 장애인 등의 취약계층에 대한 지원은 법적 장치로 되어 있어야 국가가 의무적으로 보장할 수 있다.

2) 사회복지행정과 법과의 관계

사회복지행정은 인적·물적·사회적 자원을 동원하여 클라이언트를 위한 프로그램을 개발하고 실행하며, 지역사회와의 관계를 정립하고, 사회복지 조직의 전 활동 과정을 평가하고 혁신시키는 일을 가리킨다. 사회복지행정은 사회복지의 목적 달성을 위해 조직을 중심 수단으로 한다.

사회복지정책이 구체화하여 클라이언트에게 서비스의 형태로 전달되기까지 복잡한 과정이 존재한다. 사회복지정책은 사회복지의 방향 제시이고 사회복지행정은 그것을 실천하는 수단이나 과정이다. 개별화되고 분화된 사회복지 활동들이 전체 사회적 목표 추구에 이바지할 수 있도록 조정하기 위해서는 사회복지행정이 더욱 필요하다(김영종, 2017).

사회복지조직의 목적과 목표를 달성하기 위해서는 사회복지행정의 업무 조정, 협조체제 유지와 상호작용 등 적극적인 임무가 수행되어야 한다. 사회복지행정의 역할이 사회복지서비스의 질을 개선하는 효과로 이어지기 때문이다.

사회복지행정은 사회복지정책과 사회복지실천 영역을 잇는 가교역할을 한다. 사회복지행정의 기능이 단순히 정책을 실천 현장에 일방적으로 전달하는 것이 아니다. 사회복지실천 현장의 실태와 요구를 파악하여 사회복지정책에 반영하는 것도 사회복지행정의 중요한 기능이다. 이 가교의 과정은 공공이나 민간 영역의 조직들로 구성되는데, 이들 조직에서 수행하는 기관, 프로그램, 서비스, 전달체계 등이 모두 포함하게 된다.

따라서 사회복지사업법에는 사회복지 관련 기관과 전달체계에 관한 내용이, 사회서비스법에는 각종 프로그램과 서비스 내용이 구체적으로 기술되어 있다.

3) 사회복지실천과 법과의 관계

사회복지실천은 사회복지사가 사회복지의 목적 달성에 필요한 구체적 서비스들을 그 서비스가 요구되는 현장에서 실천에 옮기는 행위이자 이에 필요한 방법들을 연구하고 익히는 분야이다. 사회복지정책, 사회복지행정 영역과 구분이 되는 동시에 상호 보완적으로 조화를 이루면서 사회복지 대상자의 복지 증진을 위해 실천 현장 최일선에서 노력하는 영역이다.

사회복지실천은 사회복지사가 클라이언트를 직접 만나서 실천하는 일이기 때문에 직접실천이라고 불린다. 사회복지실천은 사회복지사가 개인, 집단, 가족, 지역사회를 대상으로 하여 이들이 자신들의 문제와 욕구를 스스로 해결할 수 있도록 도와주어서 이들의 사회적 기능을 향상하게 시키고 배분적 사회정의를 실현하는 것을 목적으로 하는 종합적이고 전문적인 활동이다(남연희 외, 2021).

국가가 사회서비스 수급 대상자를 위해 어떤 서비스를 제공할 것인지에 대하여 사전 방침인 정책이 세워져야 하고, 그 방침을 실천에 옮기는 데 필요한 전달체계와 서비스를 전달할 공간과 그 공간 내 인력 배치와 운영전략인 행정이 마련되어야 사회복지실천 현장에서 사회복지사가 클라이언트에게 적절한 서비스를 원만하게 제공할 수 있다.

사회복지실천에서 사회복지법은 매우 중요한 역할을 한다. 사회복지실천 현장은 개인이나 집단에 직접 서비스를 제공하는 영역이기 때문에 사회복지와 관련한 법에 따른 문제나 사건들이 사회복지 현장에서 그대로 일어나는 경우가 많다. 각종 사회보험법으로부터 사회서비스법까지 구체적인 법 조항을 통하여 공식적으로 클라이언트들이 어느 정도의 지원을 받을 수 있는지에 대한 파악은 기본이고, 지원을 받지 못했을 때는 권리구제나 벌칙 조항을 통해 클라이언트의 문제해결과 필요한 자원 연결까지도 가능하게 된다.

사회복지사는 자신의 클라이언트를 보다 적극적으로 옹호할 수 있는 법과 매우 중요한 관계에 있다. 사회복지사가 법의 제정과 개정, 법에서 규정된 권리에 대한 이행 등에 적극적으로 개입한다면, 사회복지실천의 현장에서 클라이언트를 둘러싼 체계의 한 부분을 시작으로 전체 사회를 변화시킬 수 있을 것이다.

2. 사회복지법의 실현과 사회복지사의 역할

1) 입법 과정에서 사회복지사의 역할

사회복지사는 필요한 사회서비스 개발, 사회환경 개선, 사회정의를 위한 입법에 적극적으로 참여하고 요구해야 한다. 사회복지사가 옹호해야 하는 클라이언트는 스스로 사회에 목소리를 내기 어려운 사람들이 많다. 사회복지사는 입법과 개정에 관한 필요성 제기, 서명운동, 집회 등을 전개함으로써 사회복지법의 입법과 개정 과정에서 중심적인 역할을 해야 할 것이다.

사회복지사는 새로운 법률의 제정 혹은 개정이 이루어지는 입법 과정에서 다음과 같은 역할을 할 수 있다(정진경, 2019).

(1) 입법청원자

법률 제정 혹은 개정에 대해 정부 또는 국회에 입법 청원을 할 수 있다. 입법 혹은 개정이 필요한 이유에 대한 입법관계자들의 관심을 환기하고 주목하게 하는 이슈화 과정이라 할 수 있다. 이때 사회복지 대상자들로부터 입법을 위한 탄원서를 첨부할 수 있다.

(2) 정보제공자

정부 또는 국회의 해당 법률 입법자에게 필요한 자료와 정보를 제공할 수 있다. 문제의 심각성, 사례 등을 정리하고 관련 해외 입법례 등과 같은 지식 정보를 제공하기도 한다.

(3) 조직 · 행동가

입법을 위해 필요한 여론의 환기와 집합적 행동을 통해 입법에 대한 강력한 의지를 표출할 수 있다.

(4) 로비스트[1]

국회 상임위 의원, 지역구 의원, 정당 전문위원 등 핵심적인 입법전문가에게 정당한 영향력을 행사할 수 있다. 직접적인 접촉, 단체 면담, 편지 발송, 상임위원회 증언 등의 역할이다.

(5) 입법감시자

입법 과정 및 입법자의 활동을 자세히 살피고 감시하는 역할이며 제시된 입법안에 대한 보이콧(boycott)[2]이나 반대 의사 전달 등의 역할을 한다.

---

1 로비는 정치나 입법기관, 행정기관과의 교섭을 목적으로 입법 · 행정 시책 등에 대해 기업, 이해집단, 시민단체, 개인 등이 영향을 주는 활동이다.
2 어떤 일을 공동으로 받아들이지 않고 거부하는 행위로 주로 불매운동을 지칭한다.

2) 행정 과정에서 사회복지사의 역할

행정부는 중앙정부와 지방자치단체에 존재하며, 법령상의 목적을 수행한다. 행정부는 법률에 위임된 사항을 수행한다. 행정부는 법을 집행하면서 국민에 대해 직접적인 법적 효과를 발생시킨다. 이러한 행정행위의 직접적인 법적 효과에 의해 국민의 권리와 의무가 창설 또는 박탈되거나 그 범위가 확정된다. 행정행위는 사회복지대상자의 권리와 의무의 변동이 발생하는 중요한 측면이다. 사회복지전담공무원의 행정 과정에서 법적 관련성을 살펴보면, 기초생활보장과 관련된 법령을 해석하고, 그 법령에 따라 집행하며, 법시행상의 문제점을 파악하고, 개선을 제안하는 역할을 할 수 있을 것이다(김훈, 2012).

사회복지에 대해 행정기관의 공권력 행사, 거부 또는 그에 따르는 행정작용으로 복지대상자가 권리 또는 이익이 침해되면 행정심판의 대상이 된다. 행정심판은 행정기관의 위법 또는 부당한 처분, 그 밖의 공권력 행사 또는 불행사 등으로 인한 국민의 권리 또는 이익의 침해를 구제하고, 아울러 행정의 적정한 운영을 기함을 목적으로 한다. 사회복지사는 복지대상자와 관련된 행정심판에 참여할 수 있을 것이다. 이 경우 사회복지사는 전문직으로서 전문가적 차원의 견해를 증언한다거나, 담당하는 사례의 클라이언트가 관련되어 있으면 그 클라이언트의 안내자, 정보제공자의 역할을 할수 있다(김훈, 2012).

3) 사법 과정에서 사회복지사의 역할

사회복지사는 사회복지와 관련된 소송이 발생하였을 경우 다음과 같은 역할을 할 수 있다(정진경, 2019).

(1) 원고

사회복지사는 아동학대나 가정폭력의 가해자, 장애인 인권유린 시설의 장 등을 상대로 법원에 직접 사건을 소송하는 원고가 될 수 있다.

(2) 증인

판사나 변호사 등 법 전문가들은 사회복지사의 전문적 판단을 기대할 수 있다. 해당 사건과 관련된 사회복지사의 경험을 바탕으로 증인으로서 법정에서 사실을 증언하도록 요구받을 수 있다. 또한, 사건과 관련된 정보와 자료의 제공을 요청받으면 이를 제출해야 한다.

(3) 보고자

사회복지사는 재판 절차에서 법정으로부터 일정한 양식에 따른 보고서를 제출할 것을 명령받을 수 있다.

(4) 옹호자

사회복지사는 법정에서 클라이언트를 옹호하는 차원에서 그들의 문제를 설명하거나 그들의 행동을 정당화하거나, 필요한 서비스를 제안하는 역할을 할 수 있다. 아동이나 발달장애인 혹은 취약한 성인들은 자신들을 대변할 옹호자가 필수적이다. 여기서 옹호자는 법정에서의 법적 변호사와 구별되는 것으로, 법정 외부에서도 이들의 심리적 지지를 위한 임무를 수행한다.

(5) 보호자

법원의 심리과정에서 사회복지사는 아동이나 노인 등 약자들을 위한 보호자의 임무를 수행한다. 이들을 대신하여 법원에 대한 보고서 준비나 신문 절차를 도우며 반드시 보호자의 동석 하에 심리가 이루어지게 된다.[3]

3. 사회복지학과 법학의 통합적 관점의 필요성

사회복지법을 이해하며 사회복지 실천의 도구이자 근거로 활용하기 위하여 법과 법학에 관한 기초적 지식이 필요하다.

사회복지학과 법학은 사회과학이다. 20세기 이후 과학은 인문과학, 사회과학, 자연과학으로 나누게 되었다. 사회과학은 기존의 인문과학 일부분과 구별하여 인간 활동의 조직이나 제도를 연구의 대상으로 하는 학문의 영역으로 구분하게 되었다(남윤봉, 2014).

자연과학은 일정한 자연현상의 존재 그 자체를 연구의 대상으

---

3 • 「아동복지법」 제21조(보조인의 선임 등) ① 법원의 심리과정에서 변호사, 법정대리인, 직계 친족, 형제자매, 아동학대전담공무원, 보장원 또는 아동보호전문기관의 상담원은 학대아동사건의 심리에 있어서 보조인이 될 수 있다. 다만, 변호사가 아닌 경우에는 법원의 허가를 받아야 한다. ② 법원은 피해 아동을 증인으로 신문하는 경우 검사, 피해 아동과 그 보호자 또는 보장원, 아동보호전문기관의 신청이 있는 경우에는 피해 아동과 신뢰 관계에 있는 사람의 동석을 허가할 수 있다.
• 「노인복지법」 제39조의8(보조인의 선임 등) ① 학대받은 노인의 법정대리인, 직계 친족, 형제자매, 노인보호전문기관의 상담원 또는 변호사는 노인학대 사건의 심리에 있어서 보조인이 될 수 있다. 다만, 변호사가 아닌 경우에는 법원의 허가를 받아야 한다. ② 법원은 학대받은 노인을 증인으로 신문하는 경우 본인·검사 또는 노인보호전문기관의 신청이 있는 때에는 본인과 신뢰 관계에 있는 자의 동석을 허가할 수 있다.

로 하므로 불변의 사실에 초점을 맞추고 있어 몰가치적, 보편적, 객관적, 인과적인 성질을 가지고 있다. 인문과학과 사회과학은 인간의 문화 현상을 연구대상으로 하기에 가치적, 구체적, 주관적, 역사적인 성질을 가지고 있는 것이 특징이다. 사회과학은 인간이 사회생활에서 유기적으로 맺고 있는 상호 간의 관계를 연구의 대상으로 하는 학문이라 할 수 있다. 사회복지학, 법학, 정치학, 경제학, 사회학, 행정학 등은 사회과학 일부분이다.

사회복지학은 인간과 사회의 제반 문제를 해결하기 위한 학문이다. 법학은 인간 생활의 상호관계를 법적인 관점에서 연구하는 학문이다. 법학4의 임무는 법에 대한 전반적인 인식이며 여러 사회규범 가운데서 법에 따라 해결하여야 할 사회현상을 논리적으로 해명하는 데 있다. 우리가 일반적으로 법학이라고 할 때는 실정법의 규범 의미를 논리적으로 연구하는 법해석학을 지칭하고 있다. 헌법, 민법, 상법, 형법 등은 모두가 법해석학을 배우는 것이기도 하다.

법은 사회생활을 그 규율대상으로 하므로 사회현상이 복잡화, 전문화됨으로 인하여 법도 그에 따라 세분되고 있다. 법치주의 국가에서는 모든 권리·의무관계를 비롯한 생활 관계가 법적인 근거에 의해 이루어지고 있으므로 법을 모르고는 정당한 권리행사와 의무이행이 어려울 뿐만 아니라, 부당한 손해를 사전에 방지하거나 사후의 처리에 있어 불이익을 당하는 경우가 많다.

---

4 법학이라는 이름을 처음으로 붙일 수 있었던 것은 로마에서부터이며, 법학(Jurisprudentia)이라는 개념도 로마에서 시작되었다고 한다. 'Prudentia'라는 것은 총명의 덕을 의미하고 실험을 위한 지식을 뜻하였다고 한다. 로마의 법학자도 법률이론가이기보다는 법률실무가였으며 이들의 관심은 법의 학문적 체계가 아니라 구체적 사건을 어떻게 해결하는 것이 타당한가에 있었고, 그들의 연구업적이 법해석학의 시작이 된 것이다. 로마 법학은 현재까지도 세계법학에 크게 영향을 미치고 있으며 특히 민법의 영역에서 미치는 영향은 실로 크다고 한다.

법학의 목적은 법의 전문적 지식을 습득하여 사회질서 유지와 법이념의 발견을 통하여 더 나은 사회로의 발전을 가져옴으로써 모든 사람이 인간다운 삶을 살도록 함에 있다. 이러한 법학의 목적은 사회복지학의 목적과 궁극적으로 일치한다.

사람들의 삶의 질에 직접 영향을 미치는 사회문제를 해결하기 위해서는 사회복지학과 법학의 협력이 필요하다. 사회복지사는 욕구를 지닌 대상자들의 복지향상을 위해 법 제도의 변화나 사회적 조화를 통한 문제해결을 도모하려고 한다. 법은 사회복지실천이 개인과 사회문제를 처리하는 데 필요한 방향, 구조, 적법성을 제공해 준다. 사회복지실천은 법에 인간관계, 문제 및 기법들(즉, 연구, 계획 수립, 정책분석 등)에 관한 실질적인 지식을 제공한다. 그러므로 두 전문직 간의 협력은 분쟁을 해결하거나 사회 조건들의 개선 방법을 수립하는 데 활용될 수 있다.

따라서 사회복지사는 법률전문가에 대한 이해를 증진하고 함께 공유하는 영역에서 더욱 효과적인 문제해설의 방식을 도출하도록 통합적 관점을 형성하는 것이 필요하다. 이렇게 할 때 두 전문직이 추구하는 목적인 인간다운 사회의 성취와 인간다운 생활을 보장하려는 노력을 보다 효율적으로 달성할 수 있을 것이다(김훈, 2012)

1. 교정복지는 형 집행 단계인 교정이라는 특수한 실천영역에서 범죄인과 비행 청소년의 원활한 사회 복귀와 그들의 가족 및 지역사회 차원의 범죄 원인 관련 문제해결을 위한 전문적 사회복지실천이다. 범죄인이나 비행 청소년을 대상으로 활동하는 교정사회복지사에 관해 알아보자.

제10장
사회복지사의
권리와 의무

제10장 사회복지사의 권리와 의무

사회복지사의 권리를 살펴보는 것은 사회복지사의 처우 및 지위 보장에 대한 논리적 준거를 확보하는 것이며, 사회복지사의 의무는 전문가의 책임을 다하도록 한다는 점에서 알아야 할 영역이다.

1. 사회복지사의 법적 지위

사회복지사는 사회복지에 관한 전문지식과 기술을 가진 자로서 사회복지사업법에 따라 보건복지부장관으로부터 자격증을 교부받은 자를 말한다. 사회복지사는 법에서 규정한 업무를 수행하는 특수한 상황에 놓여 있으며, 이로 인해 사회복지사는 법적 책임을 지고 법의 맥락에서 실천해야 하는 의무를 진다.

1) 공공기관의 사회복지사

공공기관에서 근무하는 사회복지사는 사회복지사의 자격을 가진 사람으로 사회복지전담공무원을 의미한다.[1] 사회복지전담공무원은 관료로서 공식적이고 표준적인 절차에 따른 업무를 수행한다. 사회복지사업에 관한 업무를 담당하게 하려고 시·도, 시·군·구, 읍·면·동 또는 사회보장사무 전담기구에 사회복지전담공무원을 둘 수 있다. 사회복지전담공무원은 사회보장급여에 관한 업무 중 취약계층에 대한 상담과 지도, 생활실태의 조사 등 보건복지부령으로 정하는 사회복지에 관한 전문적 업무를 담당한다.

---

1 사회복지전담공무원과 관련된 내용은 「사회보장급여의 이용·제공 및 수급권자 발굴에 관한 법률」에 규정되어 있다.

2) 민간기관의 사회복지사

(1) 노동자로서의 사회복지사

민간 사회복지법인과 시설에 종사하는 사회복지사는 임금을 목적으로 사회복지법인이나 사회복지시설에서 근로를 제공하는 노동자이다.[2] 노동자로서의 사회복지사는 사회복지 노동시장에서 노동의 공급자로서 노동의 수요자인 사회복지법인이나 사회복지시설과 노사관계를 형성한다.

(2) 전문가로서의 사회복지사

민간 사회복지법인과 시설에 종사하는 사회복지사는 사회복지에 관한 전문지식과 기술을 갖추고, 보건복지부장관으로부터 자격증을 교부받은 자를 말한다. 사회복지사는 국가가 공인한 전문직으로서 고유의 가치와 지식, 기술을 근거로 배타적 권리와 지위를 확보하고 있다. 사회복지프로그램 개발 및 운영업무, 시설거주자의 생활지도 업무, 사회복지를 필요로 하는 사람에 대한 상담업무에는 사회복지사를 채용하도록 하고 있다.[3]

---

2 「근로기준법」 제2조에서 "근로자란 직업의 종류와 관계없이 임금을 목적으로 사업이나 사업장에 근로를 제공하는 사람을 말하고, 근로란 정신노동과 육체노동을 말한다."라고 규정하고 있다.
3 사회복지사와 관련된 내용은 「사회복지사업법」에 규정되어 있다.

2. 사회복지사의 권리

1) 사회복지전담공무원의 법적 권리와 제한

(1) 신분상의 권리

사회복지전담공무원은 법률상 공무원이기 때문에 주로 지방공무원법에 따른 규정을 준용하게 된다. 공무원에 대하여 신분상에 관한 처분을 할 때는 법으로 정한 사유에 의해서만 가능하고, 처분 시에는 그 사유를 기재한 처분 사유 설명서를 교부해야 한다. 또한, 불리한 처분을 받은 공무원은 그 처분에 대해 소청심사위원회에 심사를 청구할 수 있는 권리인 소청제기권과 행정소송을 제기할 수 있는 권리인 소송제기권을 통해 신분상의 권리를 갖게 된다.

(2) 직무집행과 관련되는 권리

사회복지전담공무원은 담당 지역 안의 사회복지를 필요로 하는 사람 등에 대하여 생활실태 및 가정환경 등을 항상 파악하고, 사회복지에 대하여 필요한 상담과 지도하는 직무를 수행하는 공무원으로서, 자신의 직무를 집행할 수 있는 권리인 직무수행권을 가진다. 또한, 자신에게 적합한 일정한 지위를 부여받을 권리와 자기에게 부여된 지위가 법이 정한 일정한 이유와 절차에 의하지 아니하고는 박탈당하지 않을 권리인 직위 보유권도 가진다.

(3) 재산상의 권리

사회복지전담공무원은 봉급과 기타 각종 수당 등 보수에 관한 규정에 따른 보수청구권, 공무원으로 재직한 기간에 대한 연금청구권, 회의 참석이나 여비 등 직무수행에 드는 실비를 변상받을 권리 등이 있다.

(4) 법적 권한의 제한

사회복지전담공무원은 공무원 신분에 따른 노동3권의 일부를 제한받는다. 「공무원의 노동조합 설립 및 운영 등에 관한 법률」 제 11조에 "쟁의행위의 금지 조항에 따라 파업이나 태업[4], 그밖에 업무의 정상적인 운영을 방해하는 어떠한 행위도 해서는 아니 된다."고 명시함으로써 노동 3권의 일부를 제한하고 있다.

2) 민간 사회복지사의 법적 권리

(1) 신분상의 권리

민간 사회복지사는 주로 소속되어 있는 법인의 정관[5]에 따라 신분보장을 받는다. 따라서 사회복지전담공무원과 비교하면 민간 사회복지사는 법인마다 정관에 따른 규정이 다양해서 상대적으로 신분상의 권리가 취약할 수 있다.

(2) 직무집행과 관련되는 권리

민간 사회복지사는 자신에게 적합한 일정한 직무와 책임을 부여받을 권리와 직무를 수행할 권리를 가진다. 민간 사회복지사는 사회복지전담공무원과 비교하면 소속된 법인이나 시설에 따라 직무

---

4 태업은 근로자들이 단결해 의도적으로 작업 능률을 저하하는 것으로 유사한 개념으로 준법투쟁이 있다.
5 법인의 조직, 업무 활동에 관한 근본 규칙, 혹은 이를 기재한 문서.

의 범위가 넓고 다양한 편이다.

(3) 재산상의 권리

민간 사회복지사는 자신이 제공한 직무수행의 대가로 보수청구권을 갖고 재직기간 동안 국민연금 당연가입으로 인한 연금청구권, 기관 운영 규정에 따른 실비를 변상받을 권리 등이 있다. 민간 사회복지사는 보건복지부의 지침에 따른 임금 가이드라인이 있다.

(4) 노동3권

민간 사회복지사는 노동자로서, 노동조건의 개선, 노동자의 경제적·사회적 지위의 향상을 도모하기 위해 노동조합을 조직하고, 단체교섭, 단체행동을 할 수 있는 권리가 보장된다. 그러나 사회복지 현장은 일반적으로 규모가 작은 편이기 때문에 사회복지 노동조합의 결성이나 활동이 미흡한 편이다.[6]

3. 사회복지사의 의무
1) 사회복지사업법에서의 사회복지사의 의무
(1) 인권 존중 및 최대 봉사의 의무

복지업무에 종사하는 사람은 그 업무를 수행할 때 사회복지를 필요로 하는 사람을 위하여 인권을 존중하고 차별 없이 최대로 봉사하여야 한다(사회복지사업법 제5조).

---

6 헌법 제33조 ① 근로자는 근로조건의 향상을 위하여 자주적인 단결권·단체교섭권 및 단체행동권을 가진다. ② 공무원인 근로자는 법률이 정하는 지에 한하여 단결권·단체교섭권 및 단체행동권을 가진다.

(2) 비밀보장의 의무

사회복지사는 업무수행의 과정에서 알게 된 다른 사람의 비밀을 누설해서는 아니 된다(사회복지사업법 제47조).

2) 사회복지전담공무원의 의무

사회복지전담공무원은 공무원으로서 부여된 의무가 있다(김기원, 2019).

(1) 성실 의무

사회복지전담공무원은 성실히 직무를 수행하여야 한다. 이는 자신의 전인격과 양심을 바쳐서 성실히 직무를 수행하여야 하는 것을 의미한다. 이는 구체적인 법적 의무로 위반하면 징계의 사유가 된다.

(2) 품위유지 의무

사회복지전담공무원은 직무의 내외를 불문하고 그 품위를 손상하는 행위를 하여서는 안 된다. 이때의 품위는 주권자인 국민의 수임자로서 직책을 맡아 수행하기에 손색이 없는 인품을 말한다.

(3) 청렴 의무

사회복지전담공무원은 직무와 관련하여 직접 또는 간접을 불문하고 사례, 증여 또는 향응을 수수할 수 없으며, 직무상의 관계 여하를 불문하고 그 소속 상관에게 증여하거나 소속 공무원으로부터 증여를 받아서는 안 된다. 이는 품위유지의 경제적 측면을 강조한 것으로 볼 수 있다.

(4) 법령준수 의무

사회복지전담공무원뿐만 아니라 모든 공무원은 직무집행에 있어서 법령을 준수하여야 한다. 이는 공무원의 직무수행에 있어서 가장 기본적인 의무로서, 위반의 경우에는 내부적으로 징계의 사유가 되고 외부적으로 손해배상이나 형벌을 초래하게 된다.

(5) 친절 · 공정 의무

사회복지전담공무원은 국민 전체에 대해 봉사자로서 친절하고 공정하게 근무하여야 한다.

4. 사회복지사 등의 처우 및 지위 향상을 위한 법률(사회복지사법)

「사회복지사 등의 처우 및 지위 향상을 위한 법률」은 2011년 3월 30일 제정되었고 2012년 1월 1일 시행되었다. 이 법은 사회복지사 등에 대한 처우를 개선하고 신분보장을 강화하여 사회복지사 등의 지위를 향상하도록 함으로써 사회복지 증진에 이바지하는 것을 목적으로 한다.

사회복지법인 등에 종사하는 사회복지사 등은 지역 단위의 사회복지서비스 전달체계의 주요한 구성요소임에도 열악한 근로환경, 낮은 임금 수준, 과중한 업무량으로 높은 이직률을 보여 사회복지서비스 제공의 지속성과 전문성을 위협함은 물론 사회복지 역량을 극대화하는 데 장애가 되고 있었다.

이에 따라, 국가와 지방자치단체가 사회복지사 등의 처우와 지위 향상을 위하여 지속적이고 적극적으로 노력하도록 책무를 부여하고, 사회복지사 등의 생활 안정과 복지증진을 도모하기 위하여 사회복지공제회를 설립하여 운영하도록 함으로써 사회복지사 등의 처우를 개선하고 궁극적으로 국민의 복지를 증진하려고 제정하였다.

생각해 볼 문제

1. 사회복지사의 처우와 지위 향상을 위해 필요한 것이 무엇인지 토론
   해보자.

제11장
사회보장기본법

제11장 사회보장기본법

「사회보장기본법」은 사회보장에 관한 일반법으로서 기본법이라는 명칭을 가지고 있다.[1] 사회보장기본법은 헌법의 하위법으로서, 헌법의 생존권 규정의 이념에 근거를 두고 있지만 다른 사회복지에 관한 법들의 상위법으로서 그 법들의 제·개정의 범위와 방향을 정해 주기 때문에 중요한 의의가 있다.

1. 연혁 및 체계

「사회보장기본법」은 기존의 「사회보장에관한법률」을 폐지하고 우리나라의 경제·사회의 발전수준과 국민의 복지 욕구에 부합하는 사회보장제도를 확립하여 국민복지의 증진을 도모하기 위하여 제정되었다. 이 법은 제1장 총칙, 제2장 사회보장에 관한 국민의 권리, 제3장 사회보장 기본계획과 사회보장위원회, 제4장 사회보장정책의 기본방향, 제5장 사회보장제도의 운영, 제6장 사회보장정보의 관리, 제7장 보칙으로 구성되어 있다.

---

[1] 기본법은 특정 분야의 정책의 이념이나 기본이 되는 사항을 정하고 이에 따라 시책을 추진하거나 제도의 정비를 도모하는 입법유형의 법률이다. 기본법은 국정에 중요한 분야에 대해서 국가 정책의 기본방침과 원칙을 명시하고, 그 분야의 다른 법률이나 행정을 지도·유도하는 역할을 수행한다. 기본법은 일반법으로서 특별법 우선의 원칙에 의해 다른 사회복지법이 우선 적용된다.

1995. 12. 30	「사회보장기본법」 제정
2012. 1. 26	전부 개정 • 사회보장제도를 확대 및 재정립하여 복지국가 설립 토대 마련 • 사회보장 정의에서 출산, 양육이 사회적 위험에 포함되었고, 기존의 '사회복지서비스 및 관련 복지제도'라는 표현이 '사회서비스'로 바뀌어 그 개념이 확대됨
2015. 12. 29	국민기초생활보장제도의 급여별 수급자 선정기준 다층화[2]와 중위소득[3] 제도 도입 등으로 개정됨에 따라 개정된 내용 반영
2020. 4. 7	사회보장 재정추계 및 사회보장통계 등에 대한 민간위탁

2. 목적과 기본이념[4]

「사회보장기본법」은 사회보장에 관한 국민의 권리와 국가 및 지방자치단체의 책임을 정하고 사회보장정책의 수립 · 추진과 관련 제도에 관한 기본적인 사항을 규정함으로써 국민의 복지증진에 이바지하는 것을 목적으로 한다(제1조). 또한, 사회보장은 모든 국민이 다양한 사회적 위험[5]으로부터 벗어나 행복하고 인간다운 생활을 향

---

2 생계급여, 주거급여, 의료급여, 교육급여, 해산급여, 장제급여, 자활급여.
 • 생계급여 선정기준은 기준 중위소득의 100분의 30 이상
 • 주거급여 선정기준은 기준 중위소득의 100분의 43 이상
 • 의료급여 선정기준은 기준 중위소득의 100분의 40 이상
 • 교육급여 선정기준 중위소득의 100분의 50 이상

3 기준 중위소득은 「통계법」 제27조에 따라 통계청이 공표하는 통계자료의 가구 경상소득(근로소득, 사업소득, 재산소득, 이전소득을 합산한 소득을 말한다)의 중간값에 최근 가구소득 평균 증가율, 가구규모에 따른 소득수준의 차이 등을 반영하여 가구 규모별로 산정한다.

4 [시행 2021. 12. 9] [법률 제18215호, 2021. 6. 8 일부개정]

5 사회적 위험은 인간이 살아가면서 겪게 되는 다양한 위험들 때문에 자신의 욕구를 충족하지 못하는 경우이다. 「사회보장기본법」에서는 사회적 위험으로 '출산, 양육, 실업, 노령, 장애, 질병, 빈곤 및 사망 등'을 제시하고 있다.

유할 수 있도록 자립을 지원하며, 사회참여 · 자아실현에 필요한 제도와 여건을 조성하여 사회통합과 행복한 복지사회를 실현하는 것을 기본이념으로 한다(제2조).

3. 용어의 정의

용어	정의
사회보장	출산, 양육, 실업, 노령, 장애, 질병, 빈곤 및 사망 등의 사회적 위험으로부터 모든 국민을 보호하고 국민 삶의 질을 향상시키는 데 필요한 소득 · 서비스를 보장하는 사회보험, 공공부조, 사회서비스
사회보험	국민에게 발생하는 사회적 위험을 보험의 방식으로 대처함으로써 국민의 건강과 소득을 보장하는 제도
공공부조	국가와 지방자치단체의 책임 하에 생활 유지 능력이 없거나 생활이 어려운 국민의 최저생활을 보장하고 자립을 지원하는 제도
사회서비스	국가 · 지방자치단체 및 민간부문의 도움이 필요한 모든 국민에게 복지, 보건의료, 교육, 고용, 주거, 문화, 환경 등의 분야에서 인간다운 생활을 보장하고 상담, 재활, 돌봄, 정보의 제공, 관련 시설의 이용, 역량 개발, 사회참여 지원 등을 통하여 국민의 삶의 질이 향상되도록 지원하는 제도
평생사회안전망	생애주기에 걸쳐 보편적으로 충족되어야 하는 기본욕구와 특정한 사회위험에 의하여 발생하는 특수욕구를 동시에 고려하여 소득 · 서비스를 보장하는 맞춤형 사회보장제도
사회보장 행정데이터	국가, 지방자치단체, 공공기관 및 법인이 법령에 따라 생성 또는 취득하여 관리하고 있는 자료 또는 정보로서 사회보장 정책 수행에 필요한 자료 또는 정보

4. 사회보장정책의 기본방향

구분	관련 조문	내용
평생사회안전망의 구축과 운영	제22조	모든 국민이 생애 동안 삶의 질을 유지·증진할 수 있도록 평생사회안전망을 구축하여야 하고, 평생사회안전망을 구축·운영함에 있어 사회적 취약계층을 위한 공공부조를 마련하여 최저생활을 보장
사회서비스의 보장	제23조	모든 국민의 인간다운 생활과 자립, 사회참여, 자아실현 등을 지원하여 삶의 질이 향상될 수 있도록 사회서비스에 관한 시책을 마련하여야 하고, 사회서비스 보장과 소득보장이 효과적이고 균형적으로 연계
소득보장	제24조	다양한 사회적 위험 하에서도 모든 국민들이 인간다운 생활을 할 수 있도록 소득을 보장하는 제도를 마련하여야 하고, 공공부문과 민간부문의 소득보장제도가 효과적으로 연계

5. 사회보장제도의 운영

1) 운영원칙(제25조)

(1) 보편성의 원칙

국가와 지방자치단체가 사회보장제도를 운영할 때에는 이 제도를 필요로 하는 모든 국민에게 포괄적으로 적용하여야 한다. 사회보장이 사회보험을 중심으로 각국에서 처음 시행되었을 때에는 근로자를 대상으로 하였으나 제2차 세계대전을 계기로 전 국민을 대상으로 하는 제도로 변화하였다.

(2) 형평성의 원칙

국가와 지방자치단체는 사회보장제도의 급여 수준과 비용 부담 등에서 형평성을 유지하여야 한다. 개인은 자신이 기여한 바에 비례하여 급여를 받아야 한다는 의미로 소득비례연금이 대표적인 예라고 할 수 있다.

(3) 민주성의 원칙

국가와 지방자치단체는 사회보장제도의 정책 결정 및 시행 과정에 공익의 대표자 및 이해관계인 등을 참여시켜 이를 민주적으로 결정하고 시행하여야 한다. 행정의 민주원칙으로 사회보장행정에 있어서 민주원칙과 가입자 참여가 존중되어야 한다.

(4) 연계성 · 전문성의 원칙

국가와 지방자치단체가 사회보장제도를 운영할 때에는 국민의 다양한 복지 욕구를 효율적으로 충족시키기 위하여 연계성과 전문성을 높여야 한다.

(5) 공공성의 원칙

사회보험은 국가의 책임으로 시행하고, 공공부조와 사회서비스는 국가와 지방자치단체의 책임으로 시행하는 것을 원칙으로 한다. 다만, 국가와 지방자치단체의 재정 형편 등을 고려하여 이를 협의 · 조정할 수 있다. 모든 사회보장제도의 관리 · 운영을 국가가 담당하여 국가 책임 하에 진행되어야 한다.

2) 사회보장 전달체계

국가와 지방자치단체는 모든 국민이 쉽게 이용할 수 있고 사회보장급여가 적시에 제공되도록 지역적 · 기능적으로 균형잡힌 사회보장 전달체계를 구축하여야 한다. 국가와 지방자치단체는 사회보장 전달체계의 효율적 운영에 필요한 조직, 인력, 예산 등을 갖추어야 하며, 공공부문과 민간부문의 사회보장 전달체계가 효율적으로 연계되도록 노력하여야 한다(제29조).

3) 비용의 부담

사회보장 비용의 부담은 각각의 사회보장제도의 목적에 따라 국가, 지방자치단체 및 민간부문 간에 합리적으로 조정되어야 한다(제28조).

사회보험	사용자, 피용자(被傭者) 및 자영업자가 부담하는 것을 원칙으로 하되, 관계 법령에서 정하는 바에 따라 국가가 그 비용의 일부를 부담할 수 있다.
공공부조 및 관계 법령에서 정하는 일정 소득 수준 이하의 국민에 대한 사회서비스	비용의 전부 또는 일부는 국가와 지방자치단체가 부담한다.
부담 능력이 있는 국민에 대한 사회서비스	비용은 그 수익자가 부담함을 원칙으로 하되, 관계 법령에서 정하는 바에 따라 국가와 지방자치단체가 그 비용의 일부를 부담할 수 있다.

4) 사회보장통계

국가와 지방자치단체는 효과적인 사회보장정책의 수립 · 시행을 위하여 사회보장에 관한 통계(이하 "사회보장통계")를 작성 · 관리하여

야 한다. 관계 중앙행정기관의 장과 지방자치단체의 장은 소관 사
회보장통계를 대통령령으로 정하는 바에 따라 보건복지부장관에게
제출하여야 한다. 보건복지부장관은 제출된 사회보장통계를 종합하
여 위원회에 제출하여야 한다(제32조).

5) 사회보장 재정추계 및 사회보장통계 등에 대한 민간위탁

보건복지부장관은 사회보장 재정추계 및 사회보장통계 업무를
효율적으로 수행하기 위하여 필요하다고 인정하는 경우에는 관련
자료의 수집·조사 및 분석에 관한 업무 등을 다음의 기관 또는 단
체에 위탁할 수 있다(제32조의2).

---

1. 「정부출연연구기관 등의 설립·운영 및 육성에 관한 법률」에 따라 설립된
   정부출연연구기관
2. 그 밖에 대통령령으로 정하는 전문기관 또는 단체

---

6. 사회보장에 관한 국민의 권리

모든 국민은 사회보장 관계 법령에서 정하는 바에 따라 사회보
장급여를 받을 권리(사회보장수급권)를 가진다(제9조). 한편, 국내에 거
주하는 외국인에게 사회보장제도를 적용할 때에는 상호주의의 원칙
에 따르되, 관계 법령에서 정하는 바에 따른다(제8조).

1) 사회보장급여의 수준

국가와 지방자치단체는 모든 국민의 건강하고 문화적인 생활을
유지할 수 있도록 사회보장급여의 수준 향상을 위하여 노력하여야
한다. 국가는 관계 법령에서 정하는 바에 따라 최저보장수준[6]과 최

저임금7을 매년 공표하여야 하고, 최저보장수준과 최저임금 등을 고려하여 사회보장급여의 수준을 결정하여야 한다(제10조).

2) 사회보장급여의 신청

사회보장급여를 받으려는 사람은 관계 법령에서 정하는 바에 따라 국가나 지방자치단체에 신청하여야 한다. 다만, 관계 법령에서 따로 정하는 경우에는 국가나 지방자치단체가 신청을 대신할 수 있다.8 사회보장급여를 신청하는 사람이 다른 기관에 신청한 경우에는 그 기관은 지체 없이 이를 정당한 권한이 있는 기관에 이송하여야 한다. 이 경우 정당한 권한이 있는 기관에 이송된 날을 사회보장급여의 신청일로 본다(제11조).

3) 사회보장수급권의 보호

사회보장수급권은 관계 법령에서 정하는 바에 따라 다른 사람에게 양도하거나 담보로 제공할 수 없으며, 이를 압류할 수 없다(제12조). 이는 일신전속적 급여로서 본질에서는 양도·압류 및 담보 제공이 불가능하다.

---

6 「국민기초생활보장법」
7 「최저임금법」
8 사회보장급여는 신청주의를 원칙으로 하면서 예외로 사회보장급여 대상자의 동의를 전제로 한 직권주의를 병행하고 있다.
「국민기초생활보장법」 제21조(급여의 신청) ② 사회복지 전담공무원은 이 법에 따른 급여를 필요로 하는 사람이 누락되지 아니하도록 하기 위하여 관할지역에 거주하는 수급권자에 대한 급여를 직권으로 신청할 수 있다. 이 경우 수급권자의 동의를 구하여야 하며 수급권자의 동의는 수급권자의 신청으로 볼 수 있다.

4) 사회보장수급권의 제한

사회보장수급권은 제한되거나 정지될 수 없다. 다만, 관계 법령에서 따로 정하고 있는 경우에는 그러하지 아니하다. 사회보장수급권이 제한되거나 정지되는 경우에는 제한 또는 정지하는 목적에 필요한 최소한의 범위에 그쳐야 한다(제13조).

5) 사회보장수급권의 포기

사회보장수급권은 정당한 권한이 있는 기관에 서면으로 통지하여 포기할 수 있으며, 사회보장수급권의 포기는 취소할 수 있다. 이때 사회보장수급권을 포기하는 것이 다른 사람에게 피해를 주거나 사회보장에 관한 관계 법령에 위반되는 경우에는 사회보장수급권을 포기할 수 없다(제14조).

6) 구상권

제3자의 불법행위로 피해를 입은 국민이 그로 인하여 사회보장수급권을 가지게 된 경우 사회보장제도를 운영하는 자는 그 불법행위의 책임이 있는 자에 대하여 관계 법령에서 정하는 바에 따라 구상권(求償權)[9]을 행사할 수 있다(제15조).

---

9 ・일반적으로 구상권은 타인을 위해 재산상의 이익을 부여한 자가 그 타인에 대해 가지고 있는 반환청구권을 의미한다. 예를 들어, B의 불법행위로 A가 손해를 입었고, A는 B에게 손해배상을 청구하는 대신 보험회사 C에게 청구하여 손해를 보전했다고 하자. 이때 C는 보험계약에 따라 A에게 배상을 해주고 B에게 배상액을 청구할 수 있다.
・불법행위로 인해 사회보장수급권자가 된 경우 사회보장제도를 운영하는 자는 이에 소요된 사회보장급여비용 및 관련 비용을 불법행위의 책임이 있는 자에게 변제를 청구할 수 있는 권리이다.

7. 사회보장 기본계획과 사회보장위원회

1) 사회보장 기본계획의 수립

보건복지부장관은 관계 중앙행정기관의 장과 협의하여 사회보장 증진을 위하여 사회보장에 관한 기본계획을 5년마다 수립하여야 한다. 기본계획은 사회보장위원회와 국무회의의 심의를 거쳐 확정한다(제16조).

기본계획에는 다음의 사항이 포함되어야 한다.

```
1. 국내외 사회보장환경의 변화와 전망
2. 사회보장의 기본목표 및 중장기 추진방향
3. 주요 추진과제 및 추진방법
4. 필요한 재원의 규모와 조달방안
5. 사회보장 관련 기금 운용방안
6. 사회보장 전달체계
7. 그 밖에 사회보장정책의 추진에 필요한 사항
```

2) 사회보장위원회

사회보장에 관한 주요 시책을 심의·조정하기 위하여 국무총리 소속으로 사회보장위원회를 둔다(제20조 제1항). 위원회는 다음의 사항을 심의·조정한다(제2항).

```
1. 사회보장 증진을 위한 기본계획
2. 사회보장 관련 주요 계획
3. 사회보장제도의 평가 및 개선
4. 사회보장제도의 신설 또는 변경에 따른 우선순위
5. 둘 이상의 중앙행정기관이 관련된 주요 사회보장정책
```

6. 사회보장급여 및 비용 부담

7. 국가와 지방자치단체의 역할 및 비용 분담

8. 사회보장의 재정추계 및 재원조달 방안

9. 사회보장 전달체계 운영 및 개선

10. 사회보장통계

11. 사회보장정보의 보호 및 관리

12. 그 밖에 위원장이 심의에 부치는 사항

위원장은 다음의 사항을 관계 중앙행정기관의 장과 지방자치단체의 장에게 통지하여야 한다(제3항).

1. 확정된 기본계획

2. 위원회 심의 · 조정 결과

관계 중앙행정기관의 장과 지방자치단체의 장은 위원회의 심의 · 조정 사항을 반영하여 사회보장제도를 운영 또는 개선하여야 한다(제4항).

8. 사회보장정보의 관리

1) 사회보장정보시스템의 구축 및 운영 등

국가와 지방자치단체는 국민편익의 증진과 사회보장업무의 효율성 향상을 위하여 사회보장업무를 전자적으로 관리하도록 노력하여야 한다. 국가는 관계 중앙행정기관과 지방자치단체에서 시행하는 사회보장수급권자 선정 및 급여 관리 등에 관한 정보를 통합 · 연계하여 처리 · 기록 및 관리하는 시스템(사회보장정보시스템)을 구축 · 운영할 수 있다. 보건복지부장관은 사회보장정보시스템의 구축 · 운영을 총괄한다. 보건복지부장관은 사회보장정보시스템 구축 · 운영의 전 과정에서 개인정보 보호를 위하여 필요한 시책을 마련하여야 한다(제37조).

2) 개인정보 등의 보호

사회보장 업무에 종사하거나 종사하였던 자는 사회보장업무 수행과 관련하여 알게 된 개인 · 법인 또는 단체의 정보를 관계 법령에서 정하는 바에 따라 보호하여야 한다. 국가와 지방자치단체, 공공기관, 법인 · 단체, 개인이 조사하거나 제공받은 개인 · 법인 또는 단체의 정보는 이 법과 관련 법률에 근거하지 아니하고 보유, 이용, 제공되어서는 아니 된다(제38조).

9. 권리구제

위법 또는 부당한 처분을 받거나 필요한 처분을 받지 못함으로써 권리 또는 이익을 침해받은 국민은 「행정심판법」에 따른 행정심판을 청구하거나 「행정소송법」에 따른 행정소송을 제기하여 그 처분의 취소 또는 변경 등을 청구할 수 있다(제39조).

10. 국민 등의 의견수렴

국가와 지방자치단체는 국민생활에 중대한 영향을 미치는 사회보장 계획 및 정책을 수립하려는 경우 공청회 및 정보통신망 등을 통하여 국민과 관계 전문가의 의견을 충분히 수렴하여야 한다(제40조).

11. 사회보장 행정데이터의 제공요청과 사회보장 행정 데이터 분석센터

사회보장 행정데이터의 제공요청과 사회보장 행정 데이터 분석센터와 관련된 내용이 개정되었다.[10] 위원회는 사회보장 정책의 심의 · 조정 및 연구를 위하여 관계 기관의 장에게 사회보장 행정데이터가 모집단의 대표성을 확보할 수 있는 범위에서 사회보장 행정데이터의 제공을 요청할 수 있다. 이 경우 사회보장 행정데이터의 제공을 요청받은 관계 기관의 장은 특별한 사유가 없으면 이에 따라야 한다(제42조).

---

1. 사회보험, 공공부조 및 사회서비스에 관한 다음 각 목의 자료 또는 정보
   가. 국민연금 · 건강보험 · 고용보험 · 산업재해보상보험 등 사회보험에 관한 자료 또는 정보
   나. 국민기초생활보장 · 기초연금 등 공공부조에 관한 자료 또는 정보
   다. 아이돌봄서비스 · 장애인활동지원서비스 등 사회서비스에 관한 자료 또는 정보
2. 「고용정책 기본법」 제15조제1항에 따른 고용 · 직업에 관한 정보
3. 「국세기본법」 제81조의13 및 「지방세기본법」 제86조에 따른 과세정보로서

---

10 현행법에는 사회보장 주요 시책 등을 심의 · 조정하기 위하여 국무총리 소속으로 사회보장위원회를 두고 있으며, 사회보장위원회는 사회보장 증진을 위한 기본계획, 사회보장제도의 평가 · 개선 등을 심의 · 조정하는 등 범부처 사회보장 정책의 총괄 기구로서 기능하고 있다. 사회보장위원회는 급격한 사회변화에 따라 증가하는 사회적 위험 및 코로나바이러스감염증-19의 유행과 같은 위기에 대응하기 위하여 정책을 면밀히 검토하고 사회안전망을 강화할 책임을 지고 있으므로, 우리나라의 사회보장 수준을 정확히 진단 · 확인할 수 있도록 각종 사회보장 관련 데이터를 종합적으로 연계 분석 · 활용할 수 있는 체계의 뒷받침이 시급한데, 현행법은 사회보장위원회 업무에 필요한 경우 관계 행정기관의 장에게 사회보장 관련 자료를 요청할 수 있도록 포괄적으로 규정하고 있으나, 요청할 수 있는 자료의 범위 등이 불명확하여 혼란의 소지가 있으며 협조가 원활하지 않은 실정이다. 이에 사회보장위원회가 사회보장 관련 행정데이터를 제공받아 주요 시책의 심의 · 조정에 활용할 수 있도록 법적 근거를 명확히 하는 한편, 보건복지부장관이 사회보장 행정데이터 분석센터를 설치 · 운영할 수 있도록 함으로써 사회보장정책 기획, 평가, 제도개선 등에 대한 지원 기능을 강화하려고 개정하였다(2021. 6. 8).

다음 각 목의 정보

가. 「소득세법」 제4조제1항에 따른 소득 및 같은 법 제127조에 따른 원천
   징수

나. 「조세특례제한법」 제100조의2에 따른 근로장려금 및 같은 법 제100
   조의27에 따른 자녀장려금의 결정·환급 내역

다. 「지방세법」에 따른 재산세

4. 「주민등록법」 제30조제1항에 따른 주민등록전산정보자료

5. 그 밖에 위원회의 업무 수행을 위하여 필요하다고 대통령령으로 정하는
   자료 또는 정보

보건복지부장관은 사회보장 행정데이터의 원활한 분석, 활용 등을 위하여 사회보장 행정데이터 분석센터를 설치·운영할 수 있다(제43조).

제12장
사회보장급여의 이용·제공 및 수급권자 발굴에 관한 법률 (사회보장급여법)

제12장 사회보장급여의 이용·제공 및 수급권자 발굴에 관한 법률(사회보장급여법)

1. 연혁 및 체계

「사회보장급여의 이용·제공 및 수급권자 발굴에 관한 법률」은 늘어나는 복지예산과 서비스의 다양화에도 불구하고 현행 복지전달체계가 중앙행정기관과 지방자치단체별로 분절적으로 운영되고 있어 서비스의 효율적인 연계를 기대하기 어렵고, 같은 대상자에게 복지혜택이 중복하여 적용되거나 세부적인 실행방안과 절차가 미비하여 발생하는 문제점들을 보완하여 복지사각지대를 해소하기 위해 제정되었다. 이 법은 제1장 총칙, 제2장 사회보장급여, 제3장 사회보장정보, 제4장 사회보장에 관한 지역계획 및 운영체계 등, 제5장 보칙, 제6장 벌칙으로 구성되어 있다.

▌주요 연혁

2014. 12. 30	「사회보장급여의 이용·제공 및 수급권자 발굴에 관한 법률」 제정
2016. 2. 3	지도감독 대상자의 권리를 보호 및 합리적인 조사
2017. 3. 21	– 사회보장정보시스템 처리 및 맞춤형 통합사례관리 실시의 근거 마련 – 지역사회보장협의체의 복지위원 규정 삭제
2020. 4. 7	위기가구 발굴을 위한 협조기관에 공공주택사업자, 공동주택 관리 주체 등을 추가

2. 목적과 기본원칙[1]

1) 목적

「사회보장급여의 이용·제공 및 수급권자 발굴에 관한 법률」은 「사회보장기본법」에 따른 사회보장급여의 이용 및 제공에 관한 기준과 절차 등 기본적 사항을 규정하고 지원을 받지 못하는 지원대상자를 발굴하여 지원함으로써 사회보장급여를 필요로 하는 사람의 인간다운 생활을 할 권리를 최대한 보장하고, 사회보장급여가 공정하고 효과적으로 제공되도록 하며, 사회보장제도가 지역사회에서 통합적으로 시행될 수 있도록 그 기반을 구축하는 것을 목적으로 한다(제1조).

용어	정의
사회보장급여	「사회보장기본법」 제3조제1호에 따라 제공하는 현금, 현물, 서비스 및 그 이용권
수급권자	「사회보장기본법」 제9조에 따른 사회보장급여를 제공받을 권리를 가진 사람
수급자	사회보장급여를 받고 있는 사람
지원대상자	사회보장급여를 필요로 하는 사람
보장기관	관계 법령 등에 따라 사회보장급여를 제공하는 국가기관과 지방자치단체

2) 기본원칙

사회보장급여가 필요한 사람은 누구든지 자신의 의사에 따라 사회보장급여를 신청할 수 있으며, 보장기관은 이에 필요한 안내와

---

1 [시행 2021. 1. 1] [법률 제17689호, 2020. 12. 22., 타법개정]

상담 등의 지원을 충분히 제공하여야 한다(제4조).

지원대상자의 발굴과 제공의 적절성	보장기관은 지원이 필요한 국민이 급여대상에서 누락되지 아니하도록 지원대상자를 적극 발굴하여 이들이 필요로 하는 사회보장급여를 적절하게 제공받을 수 있도록 노력하여야 한다.
개인과 단체의 효과적인 서비스 제공	보장기관은 국민의 다양한 복지욕구를 충족시키고 생애주기별 필요에 맞는 사회보장급여가 공정·투명·적정하게 제공될 수 있도록 노력하여야 한다. 사회복지법인, 사회복지시설 등 사회보장 관련 민간 법인·단체·시설이 제공하는 복지혜택 또는 서비스를 효과적으로 연계하여 제공할 수 있도록 노력하여야 한다.
사회보장정책시행과 사회보장수준의 균등화	보장기관은 국민이 사회보장급여를 편리하게 이용할 수 있도록 사회보장 정책 및 관련 제도를 수립·시행하기 위하여 노력하여야 한다. 보장기관은 지역의 사회보장 수준이 균등하게 실현될 수 있도록 노력하여야 한다.

3. 지원대상자의 발굴

1) 위기가구의 발굴

보장기관의 장은 누락된 지원대상자가 적절한 사회보장급여를 제공받을 수 있도록 지원이 필요한 다음의 가구(이하 "위기가구")를 발굴하기 위하여 노력하여야 한다(제9조의2).

1. 제11조 제1항 각 호에 해당하는 관계 기관·법인·단체·시설의 장에게 공유받은 정보와 제12조 제1항 각 호의 자료 또는 정보의 처리 결과 보장기관의 장이 위기상황에 처하여 있다고 판단한 사람의 가구
2. 자살자가 발생한 가구 또는 자살시도자가 발생한 가구로서 대통령령으로 정하는 기준에 해당하는 가구

보장기관의 장은 발굴한 위기가구의 구성원이 필요로 하는 적절한 사회보장급여를 제공받을 수 있도록 지원하여야 한다.

2) 자료 또는 정보의 제공과 홍보

보장기관의 장은 지원대상자를 발굴하기 위하여 사회보장급여의 내용 및 제공규모, 수급자가 되기 위한 요건과 절차, 그 밖에 사회보장급여 수급을 위하여 필요한 정보의 사항에 대한 자료 또는 정보의 제공과 홍보에 노력하여야 한다(제10조).

3) 정보공유 등의 협조 요청

보장기관의 장은 관할 지역에 거주하는 지원대상자를 발굴하기 위하여 다음에 해당하는 관계 기관·법인·단체·시설의 장에게 소관 업무의 수행과 관련하여 취득한 정보의 공유, 지원대상자의 거주지 등 현장조사 시 소속 직원의 동행 등 필요한 사항에 대한 협조를 요청할 수 있다. 이 경우 관계 기관·법인·단체·시설의 장은 정당한 사유가 없으면 이에 따라야 한다(제11조).

1. 「사회복지사업법」 제2조제3호와 제4호에 따른 사회복지법인 및 사회복지시설
2. 「국민연금법」 제24조에 따른 국민연금공단
3. 「국민건강보험법」 제13조에 따른 국민건강보험공단
4. 「지역보건법」 제10조에 따른 보건소
5. 「초·중등교육법」 제2조 각 호의 학교
6. 「국가경찰과 자치경찰의 조직 및 운영에 관한 법률」 제13조에 따른 경찰서
7. 「소방기본법」 제2조제5호의 소방대
7의2. 「공공주택 특별법」 제4조에 따른 공공주택사업자

7의3. 「공동주택관리법」 제2조제1항제10호에 따른 관리주체

7의4. 「공동주택관리법」 제89조제2항제8호에 따라 공동주택관리정보시스템을 위탁받아 운영하는 자

8. 그 밖에 대통령령으로 정하는 기관 · 법인 · 단체 · 시설

4) 자료 또는 정보의 처리 등

보건복지부장관은 보장기관이 위 2)에 따른 업무를 효율적으로 수행할 수 있도록 지원하기 위하여 다음의 자료 또는 정보를 처리할 수 있다(제12조).

1. 「전기사업법」 제14조에 따른 단전(전류제한을 포함한다), 「수도법」 제39조에 따른 단수 「도시가스사업법」 제19조에 따른 단가스 가구정보(가구정보는 주민등록전산정보 · 가족관계등록전산정보를 포함한다. 이하 같다)

2. 「초 · 중등교육법」 제25조에 따른 학교생활기록 정보 중 담당교원이 위기상황에 처하여 있다고 판단한 학생의 가구정보

3. 「국민건강보험법」 제69조에 따른 보험료를 3개월 이상 체납한 사람의 가구정보

4. 「국민기초생활 보장법」 또는 「긴급복지지원법」에 따른 신청 또는 지원 중 탈락가구의 가구정보

5. 「사회복지사업법」 제35조에 따른 시설의 장이 입소 탈락자나 퇴소자 중 위기상황에 처하여 있다고 판단한 사람의 가구정보

6. 「신용정보의 이용 및 보호에 관한 법률」 제25조 제2항 제1호에 따른 종합신용정보집중 기관과 같은 항 제2호에 따른 개별신용정보집중기관이 보유하고 있는 개인신용정보 중 보건복지부장관이 위기상황에 처하여 있다고 판단한 사람의 대통령령으로 정하는기준에 해당하는 연체정보(대출금 · 신용카드대금 · 통신요금 등을 말한다)로서 금융위원회 위원장과 협의하여 정하는 개인신용정보

7. 「공공주택 특별법」 제4조 제1항에 따른 공공주택사업자가 보유하고 있는 정보로서 같은 법 제49조에 따른 임대료를 3개월 이상 체납한 임차인의 가구정보

8. 「공동주택관리법」 제2조 제1항 제10호에 따른 관리주체가 보유하고 있는 정보로서 같은 법 제23조 제1항에 따른 관리비를 3개월 이상 체납한 입주자의 가구정보

9. 그 밖에 지원대상자의 발굴을 위하여 필요한 정보로서 대통령령으로 정하는 정보

5) 지원대상자 발견 시 신고의무

누구든지 출산, 양육, 실업, 노령, 장애, 질병, 빈곤 및 사망 등의 사회적 위험으로 인하여 사회보장급여를 필요로 하는 지원대상자를 발견하였을 때에는 보장기관에 알려야 한다. 다음의 어느 하나에 해당하는 사람은 그 직무상 사회적 위험으로 인하여 사망 또는 중대한 정신적·신체적 장애를 입을 위기에 처한 지원대상자를 발견한 경우 지체 없이 보장기관에 알리고, 지원대상자가 신속하게 지원을 받을 수 있도록 노력하여야 한다(제13조).

1. 「사회복지사업법」 제35조 및 제35조의2에 따른 사회복지시설의 장과 그 종사자

2. 「장애인활동 지원에 관한 법률」 제20조에 따른 활동지원기관의 장 및 그 종사자와 같은 법 제16조에 따른 활동지원인력

3. 「의료법」 제2조 및 제3조의 의료인과 의료기관의 장

4. 「의료기사 등에 관한 법률」 제1조의2의 의료기사

5. 「응급의료에 관한 법률」 제36조의 응급구조사

6. 「소방기본법」 제34조에 따른 구조대 및 구급대의 대원

7. 「국가공무원법」 제2조 제2항 제2호에 따른 경찰공무원

8. 「지방공무원법」 제2조 제2항 제2호에 따른 자치경찰공무원

9. 「정신건강증진 및 정신질환자 복지서비스 지원에 관한 법률」 제3조 제3호에 따른 정신건강복지센터의 장과 그 종사자

10. 「영유아보육법」 제10조에 따른 어린이집의 원장 등 보육교직원

11. 「유아교육법」 제20조에 따른 교직원 및 같은 법 제23조에 따른 강사 등

12. 「초·중등교육법」 제19조에 따른 교직원, 같은 법 제19조의2에 따른 전문상
    담교사 등 및 같은 법 제22조에 따른 산학겸임교사 등

13. 「학원의 설립·운영 및 과외교습에 관한 법률」 제6조에 따른 학원의 운영
    자·강사·직원 및 같은 법 제14조에 따른 교습소의 교습자·직원

14. 「성폭력방지 및 피해자보호 등에 관한 법률」 제10조에 따른 성폭력피해상담
    소의 장과 그 종사자 및 같은 법 제12조에 따른 성폭력피해자보호시설의 장
    과 그 종사자

15. 「성매매방지 및 피해자보호 등에 관한 법률」 제10조에 따른 지원시설의 장과
    그 종사자 및 같은 법 제17조에 따른 성매매피해상담소의 장과 그 종사자

16. 「가정폭력방지 및 피해자보호 등에 관한 법률」 제5조에 따른 가정폭력 관련
    상담소의 장과 그 종사자 및 같은 법 제7조에 따른 가정폭력피해자 보호시
    설의 장과 그 종사자

17. 「건강가정기본법」 제35조에 따른 건강가정지원센터의 장과 그 종사자

18. 「노인장기요양보험법」 제31조에 따른 장기요양기관의 장과 그 종사자

19. 「지역보건법」 제11조 제1항 제5호 사목에 따른 보건소의 방문간호 업무 종사자

20. 「다문화가족지원법」 제12조에 따른 다문화가족지원센터의 장과 그 종사자

21. 「지방자치법」 제7조 제4항에 따른 행정리의 이장 및 같은 조 제5항에 따른
    행정동의 하부조직으로 두는 통의 통장

22. 「공동주택관리법」 제2조 제1항 제10호에 따른 관리주체

4. 수급자 등의 지원

1) 수급권자등에 대한 상담·안내, 의뢰 등

보장기관의 업무담당자는 수급권자 또는 지원대상자(이하 "수급
권자등")가 필요한 사회보장급여를 편리하게 이용할 수 있도록 사회
보장급여의 명칭, 수급권자의 선정기준, 보장내용 및 신청방법 등
에 관한 사항을 상담하고 안내하여야 하며, 이를 위하여 사회보장
정보시스템에서 지원하는 정보를 최대한 활용하여야 한다. 보장기

관의 업무담당자는 수급권자등이 필요로 하는 사회보장급여의 이용이 다른 보장기관의 권한에 속한다고 판단되는 경우 신청인 또는 수급권자등에게 해당 보장기관을 안내하고, 필요한 경우 해당 보장기관 또는 관계 기관·법인·단체·시설에 사회보장급여 또는 복지혜택·서비스의 제공을 의뢰하여야 한다. 보건복지부장관은 상담·안내·의뢰가 사회보장정보시스템을 통하여 효율적으로 이루어질 수 있도록 하여야 한다(제16조).

2) 이의신청

이 법에 따른 처분에 이의가 있는 수급권자등은 그 처분을 받은 날로부터 90일 이내에 처분을 결정한 보장기관의 장에게 이의신청을 할 수 있다. 다만, 정당한 사유로 인하여 그 기간 내에 이의신청을 할 수 없음을 증명한 때에는 그 사유가 소멸한 때부터 60일 이내에 이의신청을 할 수 있다. 보장기관의 장은 이의신청을 받은 날부터 10일 이내에 그 이의신청에 대하여 결정하고 그 결과를 신청인에게 지체 없이 통지하여야 한다. 다만, 부득이한 사유로 정하여진 기간 이내에 결정할 수 없을 때에는 그 기간의 만료일 다음 날부터 기산하여 10일 이내의 범위에서 연장할 수 있으며, 연장 사유를 신청인에게 통지하여야 한다(제17조).

3) 수급권자의 보호자에 대한 지원

보장기관의 장은 급여 제공이 결정된 수급권자를 자신의 가정에서 돌보는 사람의 부담을 줄이기 위하여 상담을 실시하거나 금전적 지원 등을 할 수 있다(제18조).

5. 사회보장급여의 이용

1) 사회보장급여의 신청

지원대상자와 그 친족, 「민법」에 따른 후견인, 「청소년 기본법」에 따른 청소년상담사·청소년지도사, 지원대상자를 사실상 보호하고 있는 자(관련 기관 및 단체의 장을 포함) 등은 지원대상자의 주소지 관할 보장기관에 사회보장급여를 신청할 수 있다. 보장기관의 업무 담당자는 지원대상자가 누락되지 아니하도록 하기 위하여 관할 지역에 거주하는 지원대상자에 대한 사회보장급여의 제공을 직권으로 신청할 수 있다. 이 경우 지원대상자의 동의를 받아야 하며, 동의를 받은 경우에는 지원대상자가 신청한 것으로 본다(제5조).

2) 사회보장 요구의 조사 및 수급자격의 조사

보장기관의 장은 사회보장급여의 신청을 받으면 지원대상자의 사회보장 요구와 관련된 사항, 지원대상자의 건강상태, 가구 구성 등 생활 실태에 관한 사항, 그 밖에 지원대상자에게 필요하다고 인정되는 사회보장급여에 관한 사항의 사항을 조사하여야 한다(제6조).

보장기관의 장은 제5조에 따른 사회보장급여의 신청을 받으면 지원대상자와 그 부양의무자(배우자와 1촌의 직계혈족 및 그 배우자)에 대하여 사회보장급여의 수급자격 확인을 위하여 인적사항 및 가족관계 확인에 관한 사항, 소득·재산·근로능력 및 취업상태에 관한 사항, 사회보장급여 수급이력에 관한 사항, 그 밖에 수급권자를 선정하기 위하여 보장기관의 장이 필요하다고 인정하는 사항의 어느 하나에 해당하는 자료 또는 정보를 제공받아 조사하고 처리할 수 있다. 다만, 부양의무자에 대한 조사가 필요하지 아니하거나 그 밖에 대통령령으로 정하는 사유에 해당하는 경우는 제외한다. 보장기관의 업무담당자는 위의 사항을 확인하기 위하여 필요한 경우 그 권한을 표시하는 증표 및 조사기간, 조사범위, 조사담당자, 관계 법령 등 보건복지부령으로 정하는 사항이 기재된 서류를 제시하고 거주지 및 사실 확인에 필요한 관련 장소를 방문할 수 있다(제7조).

6. 사회보장에 관한 지역계획 및 운영체계 등

1) 지역사회보장에 관한 계획

특별시장 · 광역시장 · 특별자치시장 · 도지사 · 특별자치도지사 및 시장 · 군수 · 구청장은 지역사회보장에 관한 계획(지역사회보장계획)을 4년마다 수립하고, 매년 지역사회보장계획에 따라 연차별 시행계획을 수립하여야 한다(제35조 제1항).

2) 지역사회보장계획의 내용

시 · 군 · 구 지역사회보장계획은 다음의 사항을 포함하여야 한다(제36조 제1항).

1. 지역사회보장 수요의 측정, 목표 및 추진전략
2. 지역사회보장의 목표를 점검할 수 있는 지표(이하 "지역사회보장지표"라 한다)의 설정 및 목표
3. 지역사회보장의 분야별 추진전략, 중점 추진사업 및 연계협력 방안
4. 지역사회보장 전달체계의 조직과 운영
5. 사회보장급여의 사각지대 발굴 및 지원 방안
6. 지역사회보장에 필요한 재원의 규모와 조달 방안
7. 지역사회보장에 관련한 통계 수집 및 관리 방안

> 8. 지역 내 부정수급 발생 현황 및 방지대책
>
> 9. 그 밖에 대통령령으로 정하는 사항

특별시 · 광역시 · 도 · 특별자치도 지역사회보장계획은 다음의 사항을 포함하여야 한다(제36조 제2항).

> 1. 시 · 군 · 구의 사회보장이 균형적이고 효과적으로 추진될 수 있도록 지원하기 위한 목표 및 전략
>
> 2. 지역사회보장지표의 설정 및 목표
>
> 3. 시 · 군 · 구에서 사회보장급여가 효과적으로 이용 및 제공될 수 있는 기반 구축 방안
>
> 4. 시 · 군 · 구 사회보장급여 담당 인력의 양성 및 전문성 제고 방안
>
> 5. 지역사회보장에 관한 통계자료의 수집 및 관리 방안
>
> 6. 시 · 군 · 구의 부정수급 방지대책을 지원하기 위한 방안
>
> 7. 그 밖에 지역사회보장 추진에 필요한 사항

특별자치시 지역사회보장계획은 다음의 사항을 포함하여야 한다(제36조 제3항).

> 1. 제1항 각 호의 사항
>
> 2. 사회보장급여가 효과적으로 이용 및 제공될 수 있는 기반 구축 방안
>
> 3. 사회보장급여 담당 인력의 양성 및 전문성 제고 방안
>
> 4. 그 밖에 지역사회보장 추진에 필요한 사항

3) 지역사회보장계획 시행결과의 평가

보건복지부장관은 시·도 지역사회보장계획의 시행결과를, 시·도지사는 시·군·구 지역사회보장계획의 시행결과를 각각 보건복지부령으로 정하는 바에 따라 평가할 수 있다. 시·도지사는 평가를 시행한 경우 그 결과를 보건복지부장관에게 제출하여야 한다. 보건복지부장관은 이를 종합·검토하여 사회보장위원회에 보고하여야 한다. 보건복지부장관 또는 시·도지사는 필요한 경우 평가결과를 지원에 반영할 수 있다(제39조).

4) 시·도사회보장위원회

시·도지사는 시·도의 사회보장 증진을 위하여 시·도사회보장위원회를 둔다. 시·도사회보장위원회는 시·도의 지역사회보장계획 수립·시행 및 평가에 관한 사항, 시·도의 지역사회보장조사 및 지역사회보장지표에 관한 사항, 시·도의 사회보장급여 제공에 관한 사항, 시·도의 사회보장 추진과 관련한 중요 사항, 읍·면·동 단위 지역사회보장협의체의 구성 및 운영에 관한 사항, 사회보장과 관련된 서비스를 제공하는 관계 기관·법인·단체·시설과의 연계·협력 강화에 관한 사항, 그 밖에 위원장이 필요하다고 인정되는 사항 등의 업무를 심의·자문한다(제40조).

5) 지역사회보장협의체

시장·군수·구청장은 지역의 사회보장을 증진하고, 사회보장과 관련된 서비스를 제공하는 관계 기관·법인·단체·시설과 연계·협력을 강화하기 위하여 해당 시·군·구에 지역사회보장협의체를 둔다. 지역사회보장협의체는 시·군·구의 지역사회보장계획 수립·시행 및 평가에 관한 사항, 시·군·구의 지역사회보장조사 및 지역사회보장지표에 관한 사항, 시·군·구의 사회보장급여 제공에 관한 사항, 시·군·구의 사회보장 추진에 관한 사항, 읍·면·동 단위 지역사회보장협의체의 구성 및 운영에 관한 사항, 그 밖에 위원장이 필요하다고 인정하는 사항의 업무를 심의·자문한다(제41조).

6) 사회보장에 관한 사무 전담기구

특별자치시장 및 시장·군수·구청장은 사회보장에 관한 업무를 효율적으로 수행하기 위하여 관련 조직, 인력, 관계 기관 간 협력체계 등을 마련하여야 하며, 필요한 경우에는 사회보장에 관한 사무를 전담하는 기구를 별도로 설치할 수 있다(제42조).

7) 통합사례관리

보건복지부장관, 시·도지사 및 시장·군수·구청장은 지원대상자의 사회보장 수준을 높이기 위하여 지원대상자의 다양하고 복합적인 특성에 따른 상담과 지도, 사회보장에 대한 욕구조사, 서비스 제공 계획의 수립을 실시하고, 그 계획에 따라 지원대상자에게 보건·복지·고용·교육 등에 대한 사회보장급여 및 민간 법인·단체·시설 등이 제공하는 서비스를 종합적으로 연계·제공하는 통합사례관리를 실시할 수 있다. 통합사례관리를 실시하기 위하여 필요한 경우에는 특별자치시 및 시·군·구에 통합사례관리사를 둘 수 있다(제42조의2).

8) 사회복지전담공무원

사회복지사업에 관한 업무를 담당하게 하기 위하여 시·도, 시·군·구, 읍·면·동 또는 사회보장사무 전담기구에 사회복지전담공무원을 둘 수 있다. 사회복지전담공무원은 사회보장급여에 관한 업무 중 취약계층에 대한 상담과 지도, 생활실태의 조사 등 보건복지부령으로 정하는 사회복지에 관한 전문적 업무를 담당한다(제43조).

7. 사회보장급여의 관리

1) 사회보장급여의 적정성 확인조사

보장기관의 장은 수급자에 대한 사회보장급여의 적정성을 확인하기 위하여 지원대상자와 그 부양의무자에 대하여 자료 또는 정보를 조사할 수 있다(제19조).

2) 사회보장급여의 변경·중지

보장기관의 장은 사회보장급여의 적정성 확인조사 및 수급자의 변동신고에 따라 수급자 및 그 부양의무자의 인적사항, 가족관계, 소득·재산 상태, 근로능력 등에 변동이 있는 경우에는 직권 또는 수급자나 그 친족, 그 밖의 관계인의 신청에 따라 수급자에 대한 사회보장급여의 종류·지급방법 등을 변경할 수 있다. 보장기관의 장은 제1항에 따른 변동으로 수급자에 대한 사회보장급여의 전부 또는 일부가 필요 없게 된 때에는 사회보장급여의 전부 또는 일부를 중지하거나 그 종류·지급방법 등을 변경하여야 한다(제21조).

3) 사회보장급여의 환수

수급자가 신고를 고의로 회피하거나 속임수 등의 부정한 방법으로 사회보장급여를 받거나 타인으로 하여금 사회보장급여를 받게 한 경우에는 사회보장급여를 제공한 보장기관의 장은 그 사회보장급여의 전부 또는 일부를 그 사회보장급여를 받거나 받게 한 자(이하 "부정수급자")로부터 환수할 수 있다. 보장기관의 장은 수급권이 없는 자에게 사회보장급여를 제공하거나 그 변경·중지로 인하여 수급자에게 이미 제공한 사회보장급여 중 과잉지급분이 발생한 경우에는 즉시 이를 제공받은 사람에 대하여 그 전부 또는 일부의 반환을 명하여야 한다. 다만, 이를 이미 소비하였거나 그 밖에 수급자에게 부득이한 사유가 있는 때에는 그 반환을 면제할 수 있다(제22조).

8. 사회보장정보

1) 사회보장정보의 처리 등

보건복지부장관은 보장기관이 수급권자의 선정 및 급여관리 등에 관한 업무를 효율적으로 수행할 수 있도록 사회보장정보시스템을 통하여 근거 법령, 보장대상 및 내용, 예산 등 사회보장급여 현황에 관한 자료 또는 정보, 상담·신청·조사 및 자격의 변동관리에 필요한 인적사항·소득·재산 등에 관한 자료 또는 정보, 사회보장급여 수급이력에 관한 자료 또는 정보, 보건복지부장관이 위임·위탁받은 업무를 수행하는 데 필요한 자료 또는 정보, 사회보장정보와 관련된 법령 등에 따른 상담·신청·조사·결정·제공·환수 등의 업무처리내역에 관한 자료 또는 정보, 사회보장 관련 민간 법인·단체·시설의 사회보장급여 제공 현황 및 보조금 수급이력에 관한 자료 또는 정보, 그 밖에 사회보장급여의 제공·관리 및 사회보장정보시스템 구축·운영에 필요한 정보로서 대통령령으로 정하는 자료 또는 정보에 해당하는 자료 또는 정보(이하 "사회보장정보")를 처리할 수 있다. 보건복지부장관은 사회보장정보를 처리하기 위하여 관계 중앙행정기관, 지방자치단체, 관계 기관·법인·단체·시설의 장에게 필요한 자료 또는 정보를 요청할 수 있다(제23조).

2) 사회보장정보시스템의 이용

보장기관의 장은 업무를 효율적으로 수행하기 위하여 사회보장정보시스템을 이용하거나 관할 업무시스템과 사회보장정보시스템을 연계하여 이용할 수 있다. 이 경우 보장기관의 장은 사회보장정보시스템을 이용하여 처리하고자 하는 자료 또는 정보와 그 범위, 처리 목적·방식, 해당 자료 또는 정보의 보유기관(이하 "정보보유기관") 등을 특정하여 보건복지부장관과 협의하여야 한다. 보건복지부장관은 사회보장의 사각지대를 해소하기 위하여 사회보장정보시스템을 통하여 처리된 정보를 보장기관의 장에게 제공할 수 있으며, 보장기관의 장은 필요한 경우 지원대상자의 동의를 받아 대통령령으로 정하는 법인·단체·시설의 장이 활용할 수 있도록 지원할 수 있다 (제24조). 보건복지부장관은 사회보장급여가 필요한 국민에게 사회보장 관련 자료 또는 정보의 검색, 조회 등 온라인 서비스를 제공하는 인터넷 기반의 대국민 포털을 구축·관리하고 그 활용을 촉진하여야 한다(제25조).

3) 사회보장정보의 정확성 유지 및 표준화

정보보유기관의 장은 사회보장정보의 정확성을 유지하기 위하여 노력하여야 한다. 보건복지부장관은 사회보장정보를 주기적으로 갱신하여야 하며, 그 정보에 오류가 있다고 판단되는 경우에는 원천 자료 또는 정보를 제공한 정보보유기관의 장에게 해당 자료 또는 정보의 수정 또는 보완을 요구할 수 있다(제26조). 보건복지부장관은 사회보장정보의 공동 활용을 통하여 국민이 사회보장급여의 이용을 편리하게 할 수 있도록 사회보장정보와 관련된 각종 기준, 절차, 방법, 서식 등을 표준화하여 보장기관의 장에게 제시할 수 있다. 이 경우 보장기관의 장은 정당한 사유가 없으면 이에 따라야 한다(제27조).

4) 한국사회보장정보원

사회보장정보시스템의 운영·지원을 위하여 한국사회보장정보원을 설립한다. 한국사회보장정보원은 법인으로 한다. 한국사회보장정보원은 다음의 업무를 수행한다(제29조).[2]

1. 사회보장정보시스템의 구축 및 유지·기능개선·관리·교육·상담 등 운영에 관한 사항
2. 제12조 제1항에 따른 자료 또는 정보의 처리 및 사회보장정보의 처리
3. 사회보장급여의 수급과 관련된 법령 등에 따른 신청, 접수, 조사, 결정, 환수 등 업무의 전자적 처리지원
4. 「사회서비스 이용 및 이용권 관리에 관한 법률」 등 관계 법령 등에 따른 사회서비스이용권의 이용·지급 및 정산 등에 필요한 정보시스템의 운영, 사회서비스이용권을 통하여 사회서비스를 제공하는 사업의 관리에 관한

---

2 [복지로, 아이사랑, 사회서비스 전자바우처, G-헬스]에 관해 알아보자.

사항

5. 사회보장 관련 민간 법인 · 단체 · 시설에 대한 전자화 지원
6. 사회보장제도의 운영에 필요한 정책정보 및 통계정보의 생산 · 분석, 제공
   과 사회보장정책 지원을 위한 조사 · 연구
7. 제25조에 따른 대국민 포털의 운영에 관한 사항
8. 그 밖에 이 법 또는 다른 법령에 따라 보건복지부장관, 국가 또는 지방
   자치단체로부터 위탁받은 업무

9. 사회보장정보의 보호

1) 사회보장정보의 보호대책 수립·시행

보건복지부장관은 사회보장정보시스템의 사회보장정보를 안전하게 보호하기 위하여 물리적 · 기술적 대책을 포함한 보호대책을 수립 · 시행하여야 한다. 한국사회보장정보원의 장은 보호대책을 시행하기 위한 실행계획을 매년 수립하여 보건복지부장관에게 제출하여야 한다(제30조).

2) 침해행위 등의 금지

누구든지 사회보장정보를 처리할 때 사회보장정보의 처리업무를 방해할 목적으로 사회보장정보를 위조 · 변경 · 훼손하거나 말소하는 행위, 정당한 사유 없이 사회보장정보를 위조 · 변경 · 훼손 · 말소 · 유출하거나 그 방법 또는 프로그램을 공개 · 유포 · 사용하는 행위, 정당한 사유 없이 사회보장정보시스템을 위조 · 변경 · 훼손하거나 이용하는 행위, 정당한 권한이 없거나 허용된 권한을 초과하여 사회보장정보를 처리하는 행위, 업무 외의 목적으로 사회보장정보를 열람하거나 조회하는 행위를 하여서는 아니 된다(제31조).

3) 침해행위의 시정요구

보건복지부장관은 사회보장정보 또는 사회보장정보시스템에 대한 침해행위가 발생하였다고 판단할 상당한 근거가 있고 이를 방치할 경우 회복하기 어려운 피해가 발생할 우려가 있다고 인정되면 침해행위를 한 자에 대하여 사회보장정보 또는 사회보장정보시스템 침해행위의 중지, 정보처리의 일시적인 정지, 그 밖에 사회보장정보의 보호 및 침해행위 방지를 위하여 필요한 조치를 요구할 수 있다. 이 경우 요구를 받은 자는 이에 따라야 한다(제33조).

10. 지역사회보장 지원 및 균형발전

중앙행정기관의 장 및 시·도지사는 시·도 및 시·군·구 간 사회보장 수준의 차이를 최소화하기 위하여 예산 배분, 사회보장급여의 제공 기관 등의 배치 등에 필요한 조치를 하여야 한다(제45조). 보건복지부장관은 시·도 및 시·군·구의 사회보장 추진 현황 분석, 지역사회보장계획의 평가, 지역 간 사회보장의 균형발전 지원 등의 업무를 효과적으로 수행하기 위하여 지역사회보장균형발전지원센터를 설치·운영 할 수 있다(제46조). 중앙행정기관의 장 또는 시·도지사는 「공공주택 특별법」에 따른 영구임대주택단지, 저소득층 밀집 거주지, 그 밖에 보건, 복지, 고용, 주거, 문화 등 특정 분야의 서비스가 취약한 지역을 사회보장 특별지원구역으로 선정하여 지원할 수 있다. 이 경우 중앙행정기관의 장 또는 시·도지사는 사회보장 특별지원구역을 선정할 때 관계 행정기관의 장과 협의하여야 한다(제48조).

제13장
사회복지사업법

제13장 사회복지사업법

1. 연혁 및 체계

「사회복지사업법」은 사회복지사업에 관한 기본적인 사항을 규정하여 그 공정한 운영을 기함으로써 사회복지의 증진을 도모하기 위해 제정되었다. 이 법은 제1장 총칙, 제2장 사회복지법인, 제3장 사회복지시설, 제3장의2 재가복지, 제4장 보칙, 제6장 벌칙으로 구성되어 있다.

▌주요 연혁

1970. 1. 1	「사회복지사업법」 제정
1992. 12. 8	사회복지전담공무원, 복지사무전담기구설치, 사회복지사업의 범위 조정
1997. 8. 22	사회복지사 1급 국가시험 도입, 사회복지시설 신고제 변경, 사회복지법인과 시설운영의 투명성 보장, 자원봉사활동지원 법적 근거 마련 등
2003. 7. 30	지역사회복지협의체 설치, 지역사회복지계획 수립
2009. 6. 9	공공부문과 민간부문 간 정보를 공유하는 통합전산망을 마련
2011. 8. 4	사회복지법인의 설치·운영을 시·도지사에 이양, 사회복지시설 통합설치 근거 마련
2012. 1. 26	인권보호, 사회복지법인 임원의 자격강화, 사회복지법인 및 시설 관리감독 강화
2014. 12. 30	이 법에 따른 지역사회복지계획을 삭제하고 「사회보장급여의 이용·제공 및 수급권자 발굴에 관한 법률」에 따른 지역사회보장계획을 신설
2020. 3. 31	사회복지사자격증을 대여·알선하는 등의 행위 금지

2. 목적[1]

「사회복지사업법」은 사회복지사업에 관한 기본적 사항을 규정하여 사회복지를 필요로 하는 사람에 대하여 인간의 존엄성과 인간다운 생활을 할 권리를 보장하고 사회복지의 전문성을 높이며, 사회복지사업의 공정·투명·적정을 도모하고, 지역사회복지의 체계를 구축하고 사회복지서비스의 질을 높여 사회복지의 증진에 이바지함을 목적으로 한다(제1조).

3. 기본이념

사회복지를 필요로 하는 사람은 누구든지 자신의 의사에 따라 서비스를 신청하고 제공받을 수 있다. 사회복지법인 및 사회복지시설은 공공성을 가지며 사회복지사업을 시행하는 데 있어서 공공성을 확보하여야 한다. 사회복지사업을 시행하는 데 있어서 사회복지를 제공하는 자는 사회복지를 필요로 하는 사람의 인권을 보장하여야 한다. 사회복지서비스를 제공하는 자는 필요한 정보를 제공하는 등 사회복지서비스를 이용하는 사람의 선택권을 보장하여야 한다(제1조의2).

4. 용어의 정의

1) 사회복지사업

다음 법률에 따른 보호·선도(善導) 또는 복지에 관한 사업과 사회복지상담, 직업지원, 무료 숙박, 지역사회복지, 의료복지, 재가

---

1 [시행 2021. 6. 30] [법률 제17782호, 2020. 12. 29., 일부개정]

복지(在家福祉), 사회복지관 운영, 정신질환자 및 한센병력자의 사회
복귀에 관한 사업 등 각종 복지사업과 이와 관련된 자원봉사활동
및 복지시설의 운영 또는 지원을 목적으로 하는 사업을 말한다.

가. 「국민기초생활 보장법」

나. 「아동복지법」

다. 「노인복지법」

라. 「장애인복지법」

마. 「한부모가족지원법」

바. 「영유아보육법」

사. 「성매매방지 및 피해자보호 등에 관한 법률」

아. 「정신건강증진 및 정신질환자 복지서비스 지원에 관한 법률」

자. 「성폭력방지 및 피해자보호 등에 관한 법률」

차. 「입양특례법」

카. 「일제하 일본군위안부 피해자에 대한 생활안정지원 및 기념사업 등에 관
　　한 법률」

타. 「사회복지공동모금회법」

파. 「장애인·노인·임산부 등의 편의증진 보장에 관한 법률」

하. 「가정폭력방지 및 피해자보호 등에 관한 법률」

거. 「농어촌주민의 보건복지증진을 위한 특별법」

너. 「식품등 기부 활성화에 관한 법률」

더. 「의료급여법」

러. 「기초연금법」

머. 「긴급복지지원법」

버. 「다문화가족지원법」

서. 「장애인연금법」

어. 「장애인활동 지원에 관한 법률」

저. 「노숙인 등의 복지 및 자립지원에 관한 법률」

처. 「보호관찰 등에 관한 법률」

커. 「장애아동 복지지원법」

터. 「발달장애인 권리보장 및 지원에 관한 법률」

퍼. 「청소년복지 지원법」

허. 그 밖에 대통령령으로 정하는 법률[2]

2) 지역사회복지

주민의 복지증진과 삶의 질 향상을 위하여 지역사회 차원에서 전개하는 사회복지를 말한다.

3) 사회복지법인

사회복지사업을 할 목적으로 설립된 법인을 말한다.

4) 사회복지시설

사회복지사업을 할 목적으로 설치된 시설을 말한다.

5) 사회복지관

지역사회를 기반으로 일정한 시설과 전문인력을 갖추고 지역주민의 참여와 협력을 통하여 지역사회의 복지문제를 예방하고 해결하기 위하여 종합적인 복지서비스를 제공하는 시설을 말한다.

---

[2]
1. 「건강가정기본법」
2. 「북한이탈주민의 보호 및 정착지원에 관한 법률」
3. 「자살예방 및 생명존중문화 조성을 위한 법률」
4. 「장애인·노인 등을 위한 보조기기 지원 및 활용촉진에 관한 법률」

6) 사회복지서비스

국가·지방자치단체 및 민간부문의 도움을 필요로 하는 모든 국민에게 「사회보장기본법」에 따른 사회서비스[3] 중 사회복지사업을 통한 서비스를 제공하여 삶의 질이 향상되도록 제도적으로 지원하는 것을 말한다.

7) 보건의료서비스

국민의 건강을 보호·증진하기 위하여 보건의료인이 하는 모든 활동을 말한다.

5. 기본원리

1) 국가와 지방자치단체의 복지와 인권증진 책임

국가와 지방자치단체는 사회복지서비스를 증진하고, 서비스를 이용하는 사람에 대하여 인권침해를 예방하고 차별을 금지하며 인권을 옹호할 책임을 진다. 국가와 지방자치단체는 사회복지서비스와 보건의료서비스를 함께 필요로 하는 사람에게 이들 서비스가 연계되어 제공되도록 노력하여야 한다(제4조).

2) 인권존중 및 최대봉사의 원칙

이 법에 따라 복지업무에 종사하는 사람은 그 업무를 수행할

---

3 "사회서비스"란 국가·지방자치단체 및 민간부문의 도움이 필요한 모든 국민에게 복지, 보건의료, 교육, 고용, 주거, 문화, 환경 등의 분야에서 인간다운 생활을 보장하고 상담, 재활, 돌봄, 정보의 제공, 관련 시설의 이용, 역량 개발, 사회참여 지원 등을 통하여 국민의 삶의 질이 향상되도록 지원하는 제도를 말한다.

때에 사회복지를 필요로 하는 사람을 위하여 인권을 존중하고 차별 없이 최대로 봉사하여야 한다. 국가와 지방자치단체는 복지업무에 종사하는 사람이 그 업무를 수행할 때에 사회복지를 필요로 하는 사람의 인권을 침해하는 행위를 한 경우에는 법률(사회복지사업법상 사회복지사업으로 규정한 법률)이 정하는 바에 따라 처분하고 그 사실을 공표하는 등의 조치를 하여야 한다(제5조).

3) 사회복지서비스 제공의 원칙

사회복지서비스를 필요로 하는 사람에 대한 사회복지서비스 제공은 현물로 제공하는 것을 원칙으로 한다(제5조의2 제1항). 국가와 지방자치단체는 사회복지서비스의 품질향상과 원활한 제공을 위하여 필요한 시책을 마련하여야 한다. 국가와 지방자치단체는 사회복지서비스의 품질을 관리하기 위하여 사회복지서비스를 제공하는 기관·법인·시설·단체의 서비스 환경, 서비스 제공 인력의 전문성 등을 평가할 수 있다(제5조의2 제3항).

4) 시설 설치의 방해금지

누구든지 정당한 이유 없이 사회복지시설의 설치를 방해하여서는 아니 된다.[4] 시장·군수·구청장은 정당한 이유 없이 사회복지시설의 설치를 지연시키거나 제한하는 조치를 하여서는 아니 된다(제6조).

---

4 1년 이하의 징역 또는 1천만원 이하의 벌금(제54조).

5) 사회복지시설 업무의 전자화

보건복지부장관은 사회복지법인 및 사회복지시설의 종사자, 거주자 및 이용자에 관한 자료 등 운영에 필요한 정보의 효율적 처리와 기록·관리 업무의 전자화를 위하여 정보시스템을 구축·운영할 수 있다. 보건복지부장관은 정보시스템을 구축·운영하는 데 필요한 자료를 수집·관리·보유할 수 있으며 관련 기관 및 단체에 필요한 자료의 제공을 요청할 수 있다. 이 경우 요청을 받은 기관 및 단체는 정당한 사유가 없으면 그 요청에 따라야 한다. 지방자치단체의 장은 사회복지사업을 수행할 때 관할 복지행정시스템과 정보시스템을 전자적으로 연계하여 활용하여야 한다. 사회복지법인의 대표이사와 사회복지시설의 장은 국가와 지방자치단체가 실시하는 사회복지업무의 전자화 시책에 협력하여야 한다(제6조의2).

6. 사회복지사

1) 사회복지사의 자격

보건복지부장관은 사회복지에 관한 전문지식과 기술을 가진 사람에게 사회복지사 자격증을 발급할 수 있다. 사회복지사의 등급은 1급·2급으로 하고 등급별 자격기준 및 자격증의 발급절차 등은 대통령령으로 정한다. 사회복지사 1급 자격증을 받으려는 사람은 국가시험에 합격하여야 한다(제11조).

2) 사회복지사의 결격사유

피성년후견인 또는 피한정후견인5, 금고 이상의 형을 선고받고 그 집행이 끝나지 아니하였거나 그 집행을 받지 아니하기로 확정되지 아니한 사람6, 법원의 판결에 따라 자격이 상실되거나 정지된 사람, 마약·대마 또는 향정신성의약품의 중독자, 「정신건강증진 및 정신질환자 복지서비스 지원에 관한 법률」에 따른 정신질환자7가 이에 해당되며, 다만, 전문의가 사회복지사로서 적합하다고 인정하는 사람은 사회복지사가 될 수 있다(제11조의2).

3) 사회복지사의 자격취소

보건복지부장관은 거짓이나 그 밖의 부정한 방법으로 자격을 취득한 경우, 제11조의2의 어느 하나에 해당하게 된 경우, 자격증을 대여·양도 또는 위조·변조한 경우8, 사회복지사의 업무수행 중 그 자격과 관련하여 고의나 중대한 과실로 다른 사람에게 손해를 입힌 경우, 자격정지 처분을 3회 이상 받았거나, 정지 기간 종료 후 3년 이내에 다시 자격정지 처분에 해당하는 행위를 한 경우, 자격정지 처분 기간에 자격증을 사용하여 자격 관련 업무를 수행한 경우 그 자격을 취소하거나 1년의 범위에서 정지시킬 수 있다. 보

---

5 • 피성년후견인이란 나이는 성년이지만 질병, 장애, 노령, 그 밖의 사유로 인한 정신적 제약으로 자신의 사무를 처리할 능력이 지속적으로 결여된 사람에 대하여 본인, 배우자, 4촌 이내의 친족, 검사 등의 청구에 의하여 가정법원이 성년후견개시의 심판을 한 자이다.
  • 피한정후견인이란 나이는 성년이지만 질병, 장애, 노령, 그 밖의 사유로 인한 정신적 제약으로 자신의 사무를 처리할 능력이 부족한 사람에 대하여 본인, 배우자, 4촌 이내의 친족, 검사 등의 청구에 의하여 가정법원이 한정후견개시의 심판을 한 자이다.
  • 민법 제9조(성년후견개시의 심판), 제10조(피성년후견인의 행위와 취소), 제11조(성년후견종료의 심판), 제12조(한정후견개시의 심판), 제13조(피한정후견인의 행위와 동의), 제14조(한정후견종료의 심판) 등 참고.
6 집행유예제도는 유죄판결에 의하여 형을 선고하고 다만 일정한 조건으로 그 집행을 유예하였다가 무사히 유예기간을 경과하면 형의 선고는 효력을 잃는 것으로 하는 제도이다.
7 "정신질환자"란 망상, 환각, 사고(思考)나 기분의 장애 등으로 인하여 독립적으로 일상생활을 영위하는 데 중대한 제약이 있는 사람을 말한다.
8 사회복지사 자격증을 다른 사람에게 빌려주거나 빌린 사람, 사회복지사 자격증을 빌려주거나 빌리는 것을 알선한 사람은 1년 이하의 징역 또는 1천만원 이하의 벌금(제54조).

건복지부장관은 자격이 취소된 사람에게는 그 취소된 날부터 2년 이내에 자격증을 재교부하지 못한다(제11조의3).

4) 사회복지사의 채용 및 교육 등

사회복지법인 및 사회복지시설을 설치·운영하는 자는 대통령령[9]으로 정하는 바에 따라 사회복지사를 그 종사자로 채용하고, 보고방법·보고주기 등 보건복지부령으로 정하는 바에 따라 특별시장·광역시장·특별자치시장·도지사·특별자치도지사 또는 시장·군수·구청장에게 사회복지사의 임면에 관한 사항을 보고하여야 한다. 다만, 대통령령으로 정하는 사회복지시설[10]은 그러하지 아니하다. 보건복지부장관은 사회복지사의 자질 향상을 위하여 필요하다고 인정하면 사회복지사에게 교육을 받도록 명할 수 있다. 다만, 사회복지법인 또는 사회복지시설에 종사하는 사회복지사는 정기적으로 인권에 관한 내용이 포함된 보수교육[11]을 받아야 한다. 사회복지법인 또는 사회복지시설을 운영하는 자는 그 법인 또는 시설에 종사하는 사회복지사에 대하여 교육을 이유로 불리한 처분을 하여서는 아니 된다(제13조).

---

9 사회복지프로그램의 개발 및 운영업무, 시설거주자의 생활지도업무, 사회복지를 필요로 하는 사람에 대한 상담업무.

10 사회복지사 채용 예외 시설.

> 1. 「노인복지법」에 따른 노인여가복지시설(노인복지관은 제외)
> 2. 「장애인복지법」에 따른 장애인 지역사회재활시설 중 수화통역센터, 점자도서관, 점자도서 및 녹음서 출판시설
> 3. 「영유아보육법」에 따른 어린이집
> 4. 「성매매방지 및 피해자보호 등에 관한 법률」 제9조에 따른 성매매피해자등을 위한 지원시설 및 같은 법 제17조에 따른 성매매피해상담소
> 5. 「정신건강증진 및 정신질환자 복지서비스 지원에 관한 법률」 제3조 제6호 및 제7호에 따른 정신요양시설 및 정신재활시설
> 6. 「성폭력방지 및 피해자보호 등에 관한 법률」에 따른 성폭력피해상담소

11 보수교육은 연간 12시간 이상이며, 보수교육에는 사회복지윤리 및 인권보호, 사회복지정책 및 사회복지실천기술 등이 포함되어야 한다(사회복지사업법 시행규칙 제5조).

7. 사회복지법인

1) 법인의 설립

사회복지법인(이하 "법인")을 설립하려는 자는 대통령령[12]으로 정하는 바에 따라 시·도지사의 허가를 받아야 한다. 허가를 받은 자는 법인의 주된 사무소의 소재지에서 설립등기를 하여야 한다(제16조). 법인에 관하여 이 법에서 규정한 사항을 제외하고는 「민법」과 「공익법인의 설립·운영에 관한 법률」을 준용한다(제32조).

사회복지법인은 사회복지사업을 할 목적으로 설립된 보건복지부가 주무관청이 되는 법인을 말하며, 시설법인과 지원법인으로 구분된다. 시설법인은 사회복지시설을 설치·운영할 목적으로 설립된 사회복지법인이며, 지원법인은 사회복지사업을 지원하는 법인을 말한다. 사회복지법인은 사법인으로 비영리공익법인이며, 재단법인의 성격을 동시에 지닌다고 볼 수 있다. 또한 사회복지법인은 국가 또는 지방자치단체 외의 자로서 시장·군수·구청장에게 신고하여 시설을 설치·운영할 수 있고(제34조 제2항), 국가나 지방자치단체가 설치한 시설은 필요한 경우 사회복지법인이나 비영리법인에 위탁하여 운영하게 할 수 있다(제34조 제5항).

2) 정관

법인의 정관에는 다음의 사항이 포함되어야 한다(제17조).

---

[12] 사회복지법인의 설립허가를 받으려는 자는 법인설립허가신청서에 보건복지부령으로 정하는 서류를 첨부하여 사회복지법인의 주된 사무소의 소재지를 관할하는 시장·군수·구청장을 거쳐 시·도지사에게 제출(전자문서에 의한 제출을 포함한다)하여야 한다(시행령 제8조).

1. 목적

2. 명칭

3. 주된 사무소의 소재지

4. 사업의 종류

5. 자산 및 회계에 관한 사항

6. 임원의 임면(任免) 등에 관한 사항

7. 회의에 관한 사항

8. 수익(收益)을 목적으로 하는 사업이 있는 경우 그에 관한 사항

9. 정관의 변경에 관한 사항

10. 존립시기와 해산 사유를 정한 경우에는 그 시기와 사유 및 남은 재산의 처리방법

11. 공고 및 공고방법에 관한 사항

법인이 정관을 변경하려는 경우에는 시·도지사의 인가를 받아야 한다. 다만, 보건복지부령으로 정하는 경미한 사항[13]의 경우에는 그러하지 아니하다.

3) 임원

법인은 대표이사를 포함한 이사 7명 이상과 감사 2명 이상을 두어야 하며, 이사의 임기는 3년으로 하고 감사의 임기는 2년으로 하며, 각각 연임할 수 있다. 이사회의 구성에 있어서 대통령령으로 정하는 특별한 관계에 있는 사람[14]이 이사 현원의 5분의 1을 초과할 수 없다. 외국인인 이사는 이사 현원의 2분의 1 미만이어야 한다(제18조).

---

13 공고 및 공고방법에 관한 사항은 인가를 요하지 않더라도 정관을 변경할 수 있다(시행규칙 제9조).

14 특별한 관계에 있는 자의 범위(시행령 제9조).

누구든지 임원의 선임과 관련하여 금품, 향응 또는 그 밖의 재산상 이익을 주고받거나 주고받을 것을 약속하여서는 아니 된다(제18조의2).

이사는 법인이 설치한 사회복지시설의 장을 제외한 그 시설의 직원을 겸할 수 없다. 감사는 법인의 이사, 법인이 설치한 사회복지시설의 장 또는 그 직원을 겸할 수 없다(제21조).

4) 재산

법인은 사회복지사업의 운영에 필요한 재산을 소유하여야 한다. 법인의 재산은 보건복지부령으로 정하는 바에 따라 기본재산과 보통재산으로 구분하며, 기본재산은 그 목록과 가액(價額)을 정관에 적어야 한다. 법인은 기본재산에 관하여 다음에 해당하는 경우에는 시·도지사의 허가를 받아야 한다. 다만, 보건복지부령으로 정하는 사항[15]에 대하여는 그러하지 아니하다(제23조).

1. 매도·증여·교환·임대·담보제공 또는 용도변경을 하려는 경우

---

1. 출연자
2. 출연자 또는 이사와의 관계가 다음 각 목의 어느 하나에 해당하는 사람
가. 6촌 이내의 혈족
나. 4촌 이내의 인척
다. 배우자(사실상 혼인관계에 있는 사람을 포함한다)
라. 친생자(親生子)로서 다른 사람에게 친양자(親養子)로 입양된 사람 및 그 배우자와 직계비속
3. 출연자 또는 이사의 사용인 그 밖에 고용관계에 있는 자(출연자 또는 이사가 출자에 의하여 사실상 지배하고 있는 법인의 사용인 그 밖에 고용관계에 있는 자를 포함한다)
4. 출연자 또는 이사의 금전 그 밖의 재산에 의하여 생계를 유지하는 자 및 그와 생계를 함께 하는 자
5. 출연자 또는 이사가 재산을 출연한 다른 법인의 이사

15 "보건복지부령으로 정하는 사항"이란 기본재산에 관한 임대계약을 기존 계약조건과 동일한 조건으로 갱신하는 경우를 말한다(시행규칙 제14조).

> 2. 보건복지부령으로 정하는 금액 이상[16]을 1년 이상 장기차입(長期借入)하려
>   는 경우

　　재산과 그 회계에 관하여 필요한 사항은 보건복지부령으로 정
한다.[17]

5) 설립허가의 취소

　　시·도지사는 법인이 다음 각 호의 어느 하나에 해당할 때에는 기
간을 정하여 시정명령을 하거나 설립허가를 취소할 수 있다. 다만, 제1
호 또는 제7호에 해당할 때에는 설립허가를 취소하여야 한다(제26조).

> 1. 거짓이나 그 밖의 부정한 방법으로 설립허가를 받았을 때
> 2. 설립허가 조건을 위반하였을 때
> 3. 목적 달성이 불가능하게 되었을 때
> 4. 목적사업 외의 사업을 하였을 때
> 5. 정당한 사유 없이 설립허가를 받은 날부터 6개월 이내에 목적사업을 시
>   작하지 아니하거나 1년 이상 사업실적이 없을 때
> 6. 법인이 운영하는 시설에서 반복적 또는 집단적 성폭력범죄 및 학대관련
>   범죄가 발생한 때
> 7. 법인 설립 후 기본재산을 출연하지 아니한 때
> 8. 제18조 제1항의 임원정수를 위반한 때
> 9. 제18조 제2항을 위반하여 이사를 선임한 때
> 10. 제22조에 따른 임원의 해임명령을 이행하지 아니한 때
> 11. 그 밖에 이 법 또는 이 법에 따른 명령이나 정관을 위반하였을 때

---

16 "보건복지부령이 정하는 금액이상"이라 함은 장기차입하고자 하는 금액을 포함한 장
　기차입금의 총액이 기본재산 총액에서 차입당시의 부채총액을 공제한 금액의 100분
　의 5에 상당하는 금액이상을 말한다(시행규칙 제15조).
17 정부로부터 재정 자원을 받는 사회복지기관이나 프로그램은 기본적으로 「사회복지법
　인 및 사회복지시설 재무·회계 규칙」이 규정하는 회계방식을 따라야 한다.

6) 수익사업

법인은 목적사업의 경비에 충당하기 위하여 필요할 때에는 법인의 설립 목적 수행에 지장이 없는 범위에서 수익사업을 할 수 있다. 법인은 수익사업에서 생긴 수익을 법인 또는 법인이 설치한 사회복지시설의 운영 외의 목적에 사용할 수 없다. 수익사업에 관한 회계는 법인의 다른 회계와 구분하여 회계처리하여야 한다(제28조).

7) 합병

법인은 시·도지사의 허가를 받아 이 법에 따른 다른 법인과 합병할 수 있다. 다만, 주된 사무소가 서로 다른 시·도에 소재한 법인 간의 합병의 경우에는 보건복지부장관의 허가를 받아야 한다(제30조).

8) 동일명칭 사용 금지

이 법에 따른 사회복지법인이 아닌 자는 사회복지법인이라는 명칭을 사용하지 못한다(제31조).[18]

8. 사회복지시설

1) 사회복지시설의 설치

국가나 지방자치단체는 사회복지시설(이하 "시설")을 설치·운영할 수 있다. 국가 또는 지방자치단체 외의 자가 시설을 설치·운영하려는 경우에는 보건복지부령으로 정하는 바에 따라 시장·군수·구청장에게 신고하여야 한다(제34조).

---

18 이 조항을 위반하면 300만원 이하의 과태료를 부과한다.

2) 보험가입 의무

시설의 운영자는 다음의 손해배상책임을 이행하기 위하여 손해보험회사의 책임보험에 가입하거나 「사회복지사 등의 처우 및 지위 향상을 위한 법률」 제4조에 따른 한국사회복지공제회의 책임공제에 가입하여야 한다(제34조의3).

> 1. 화재로 인한 손해배상책임
> 2. 화재 외의 안전사고로 인하여 생명·신체에 피해를 입은 보호대상자에 대한 손해배상책임

국가나 지방자치단체는 예산의 범위에서 책임보험 또는 책임공제의 가입에 드는 비용의 전부 또는 일부를 보조할 수 있다. 책임보험이나 책임공제에 가입하여야 할 시설의 범위는 대통령령[19]으로 정한다.

3) 시설의 안전점검

시설의 장은 시설에 대하여 정기 및 수시 안전점검을 실시하여야 한다. 시설의 장은 정기 또는 수시 안전점검을 한 후 그 결과를 시장·군수·구청장에게 제출하여야 한다. 시장·군수·구청장은 결과를 받은 후 필요한 경우에는 시설의 운영자에게 시설의 보완 또는 개수(改修)·보수를 요구할 수 있으며, 이 경우 시설의 운영자는 요구에 따라야 한다. 국가나 지방자치단체는 예산의 범위에서 규정에 따른 안전점검, 시설의 보완 및 개수·보수에 드는 비용의 전부 또는 일부를 보조할 수 있다(제34조의4).

---

[19]
1. 법 제2조 제1호 각 목의 법률에 따른 사회복지시설
2. 사회복지관
3. 결핵 및 한센병 요양시설

4) 사회복지관의 설치 등

사회복지관은 지역사회의 특성과 지역주민의 복지욕구를 고려하여 서비스 제공 등 지역복지증진을 위한 사업을 실시할 수 있다. 사회복지관은 모든 지역주민을 대상으로 사회복지서비스를 실시하되, 다음의 지역주민에게 우선 제공하여야 한다(제34조의5).

1. 「국민기초생활 보장법」에 따른 수급자 및 차상위계층
2. 장애인, 노인, 한부모가족 및 다문화가족
3. 직업 및 취업 알선이 필요한 사람
4. 보호와 교육이 필요한 유아·아동 및 청소년
5. 그 밖에 사회복지관의 사회복지서비스를 우선 제공할 필요가 있다고 인정되는 사람

5) 시설의 장과 종사자

시설의 장은 상근(常勤)하여야 한다(제35조). 사회복지법인과 사회복지시설을 설치·운영하는 자는 시설에 근무할 종사자를 채용할 수 있다(제35조의2).

6) 운영위원회

시설의 장은 시설의 운영에 관한 다음의 사항을 심의하기 위하여 시설에 운영위원회를 두어야 한다(제36조).

1. 시설운영계획의 수립·평가에 관한 사항
2. 사회복지 프로그램의 개발·평가에 관한 사항
3. 시설 종사자의 근무환경 개선에 관한 사항

4. 시설 거주자의 생활환경 개선 및 고충 처리 등에 관한 사항

5. 시설 종사자와 거주자의 인권보호 및 권익증진에 관한 사항

6. 시설과 지역사회의 협력에 관한 사항

7. 그 밖에 시설의 장이 운영위원회의 회의에 부치는 사항

운영위원회의 위원은 다음의 어느 하나에 해당하는 사람 중에서 관할 시장·군수·구청장이 임명하거나 위촉한다.

1. 시설의 장

2. 시설 거주자 대표

3. 시설 거주자의 보호자 대표

4. 시설 종사자의 대표

5. 해당 시·군·구 소속의 사회복지업무를 담당하는 공무원

6. 후원자 대표 또는 지역주민

7. 공익단체에서 추천한 사람

8. 그 밖에 시설의 운영 또는 사회복지에 관하여 전문적인 지식과 경험이 풍부한 사람

시설의 장은 다음의 사항을 운영위원회에 보고하여야 한다.

1. 시설의 회계 및 예산·결산에 관한 사항

2. 후원금 조성 및 집행에 관한 사항

3. 그 밖에 시설운영과 관련된 사건·사고에 관한 사항

7) 시설의 서류비치

시설의 장은 후원금품대장 등 서류를 시설에 갖추어 두어야 한다(제37조).

1. 법인의 정관(법인에 한한다)

2. 법인설립허가증사본(법인에 한한다)

3. 사회복지시설신고증

4. 시설거주자 및 퇴소자의 명부

5. 시설거주자 및 퇴소자의 상담기록부

6. 시설의 운영계획서 및 예산·결산서

7. 후원금품대장

8. 시설의 건축물관리대장

9. 시설의 장과 종사자의 명부

8) 시설의 개선, 사업의 정지, 시설의 폐쇄 등

보건복지부장관, 시·도지사 또는 시장·군수·구청장은 시설이 다음에 해당할 때에는 그 시설의 개선, 사업의 정지, 시설의 장의 교체를 명하거나 시설의 폐쇄를 명할 수 있다(제40조).

1. 시설이 설치기준에 미달하게 되었을 때

2. 사회복지법인 또는 비영리법인이 설치·운영하는 시설의 경우 그 사회복지법인 또는 비영리법인의 설립허가가 취소되었을 때

3. 설치 목적이 달성되었거나 그 밖의 사유로 계속하여 운영될 필요가 없다고 인정할 때

4. 회계부정이나 불법행위 또는 그 밖의 부당행위 등이 발견되었을 때

5. 제34조 제2항에 따른 신고를 하지 아니하고 시설을 설치·운영하였을 때

6. 제36조 제1항에 따른 운영위원회를 설치하지 아니하거나 운영하지 아니하였을 때

7. 정당한 이유 없이 제51조 제1항에 따른 보고 또는 자료 제출을 하지 아니하거나 거짓으로 하였을 때

8. 정당한 이유 없이 제51조 제1항 및 제2항에 따른 검사·질문·회계감사를 거부·방해하거나 기피하였을 때

9. 시설에서 다음 각 목의 성폭력범죄 또는 학대관련범죄가 발생한 때

　가. 「성폭력범죄의 처벌 등에 관한 특례법」 제2조 제1항 제3호부터 제5호까지의 성폭력범죄

　나. 「아동·청소년의 성보호에 관한 법률」 제2조 제3호의 아동·청소년대상 성폭력범죄

　다. 「아동복지법」 제3조 제7호의2의 아동학대관련범죄

　라. 「노인복지법」 제1조의2 제5호의 노인학대관련범죄

　마. 그 밖에 대통령령으로 정하는 성폭력범죄 또는 학대관련범죄

10. 1년 이상 시설이 휴지상태에 있어 시장·군수·구청장이 재개를 권고하였음에도 불구하고 재개하지 아니한 때

9) 시설 수용인원의 제한

각 시설의 수용인원은 300명을 초과할 수 없다. 다만, 대통령령으로 정하는 경우[20]에는 그러하지 아니하다(제41조).

10) 시설의 평가

보건복지부장관과 시·도지사는 보건복지부령으로 정하는 바에 따라[21] 시설을 정기적으로 평가하고, 그 결과를 공표하거나 시설의 감독·지원 등에 반영할 수 있으며 시설 거주자를 다른 시설로 보내는 등의 조치를 할 수 있다(제43조의2).

---

20 수용인원 300명을 초과할 수 있는 사회복지시설(시행령 제19조)

> 1. 「노인복지법」 제32조에 따른 노인주거복지시설 중 양로시설과 노인복지주택
> 2. 「노인복지법」 제34조에 따른 노인의료복지시설 중 노인요양시설
> 3. 보건복지부장관이 사회복지시설의 종류, 지역별 사회복지시설의 수, 지역별·종류별 사회복지서비스 수요 및 사회복지사업 관련 종사자의 수 등을 고려하여 정하여 고시하는 기준에 적합하다고 시장·군수·구청장이 인정하는 사회복지시설

21 보건복지부장관 및 시·도지사는 3년마다 시설에 대한 평가를 실시하여야 한다. 시설의 평가기준은 서비스 최저기준을 고려하여 보건복지부장관이 정한다. 보건복지부장관과 시·도지사는 평가의 결과를 해당 기관의 홈페이지 등에 게시하여야 한다(시행규칙 제27조의2).

9. 재가복지

1) 재가복지서비스

국가나 지방자치단체는 보호대상자가 다음의 어느 하나에 해당하는 재가복지서비스를 제공받도록 할 수 있다(제41조의2).

> 1. 가정봉사서비스: 가사 및 개인활동을 지원하거나 정서활동을 지원하는 서비스
> 2. 주간·단기 보호서비스: 주간·단기 보호시설에서 급식 및 치료 등 일상생활의 편의를 낮 동안 또는 단기간 동안 제공하거나 가족에 대한 교육 및 상담을 지원하는 서비스

2) 가정봉사원의 양성

국가나 지방자치단체는 재가복지서비스를 필요로 하는 가정 또는 시설에서 보호대상자가 일상생활을 하기 위하여 필요한 각종 편의를 제공하는 가정봉사원을 양성하도록 노력하여야 한다(제41조의4).

10. 사회복지사협회와 사회복지협의회

1) 사회복지사협회

사회복지사는 사회복지에 관한 전문지식과 기술을 개발·보급하고, 사회복지사의 자질 향상을 위한 교육훈련을 실시하며, 사회복지사의 복지증진을 도모하기 위하여 한국사회복지사협회(이하 "협회")를 설립한다. 협회는 법인으로 하되, 협회의 조직과 운영 등에 필요한 사항은 대통령령으로 정한다.[22] 협회에 관하여 이 법에서 규정한 사항을 제외하고는 「민법」 중 사단법인에 관한 규정을 준용한다(제46조).

---

22 협회는 다음의 업무를 행한다(시행령 제22조).

2) 사회복지협의회

사회복지에 관한 다음의 업무를 수행하기 위하여 전국 단위의 한국사회복지협의회와 시·도 단위의 시·도 사회복지협의회를 두며, 필요한 경우에는 시·군·구 단위의 시·군·구 사회복지협의회를 둘 수 있다. 중앙협의회, 시·도협의회 및 시·군·구협의회는 이 법에 따른 사회복지법인으로 한다(제33조).

1. 사회복지에 관한 조사·연구 및 정책 건의
2. 사회복지 관련 기관·단체 간의 연계·협력·조정
3. 사회복지 소외계층 발굴 및 민간사회복지자원과의 연계·협력
4. 대통령령으로 정하는 사회복지사업의 조성 등[23]

---

1. 사회복지사에 대한 전문지식 및 기술의 개발·보급
2. 사회복지사의 전문성 향상을 위한 교육훈련
3. 사회복지사제도에 대한 조사연구·학술대회개최 및 홍보·출판사업
4. 국제사회복지사단체와의 교류·협력
5. 보건복지부장관이 위탁하는 사회복지사업에 관한 업무
6. 기타 협회의 목적달성에 필요한 사항

[23] "대통령령으로 정하는 사회복지사업"이란 다음의 사업 및 업무를 말한다(시행령 제12조).

1. 사회복지에 관한 교육훈련
2. 사회복지에 관한 자료수집 및 간행물 발간
3. 사회복지에 관한 계몽 및 홍보
4. 자원봉사활동의 진흥
5. 사회복지사업에 관한 기부문화의 조성
6. 사회복지사업에 종사하는 사람의 교육훈련과 복지증진
7. 사회복지에 관한 학술 도입과 국제사회복지단체와의 교류
8. 보건복지부장관이 위탁하는 사회복지에 관한 업무[중앙협의회만 해당한다]
9. 시·도지사 및 중앙협의회가 위탁하는 사회복지에 관한 업무[시·도협의회만 해당한다]
10. 시·도지사, 시장·군수·구청장, 중앙협의회 및 시·도협의회가 위탁하는 사회복지에 관한 업무[시·군·구협의회만 해당한다]
11. 그 밖에 중앙협의회, 시·도협의회, 시·군·구협의회의 목적 달성에 필요하여 각각의 정관에서 정하는 사항

색 인

참고문헌

강원택(2016). 지방정치의 이해. 박영사

김광병(2012). "지역사회복지 규범으로서 사회복지조례 입법평가에 관한 연구",
　　　　　고려대학교 대학원 박사학위논문

김구(2021). 사회복지법제와 실천. 어가

김기원(2019). 사회복지법제와 실천. 학지사

김동복(2017). 법학개론. 청목출판사

김성천, 강욱모, 김혜성, 박경숙, 박능후, 박수경, 송미영, 안치민, 엄명용, 윤혜미,
이성기, 최경구, 최현숙, 한동우(2012). 사회복지학 개론. 학지사

김수정(2019). 사회복지법제와 실천. 학지사

김영종(2017). 사회복지행정론. 학지사

김향기(2018). 법학개론. 대명출판사

김훈(2012). 사회복지법제론 제4판. 학지사

남기민, 홍성로(2015). 사회복지법제론. 공동체

남연희·박영국·도기봉·김연진(2021). 지식공동체

남윤봉(2014). 교양 법학입문. 동방문화사

박상기 외(2018). 법학개론 전정3판. 박영사

박광준(2013). 사회복지의 사상과 역사―서구복지국가와 한국. 양서원

서동명(2020). 사회복지법제와 실천. 신정

송근원(2004). 사회복지정책학. 학지사

유태균(2020). 거시사회복지실천 입문편. 공동체

윤찬영(2013). 사회복지법제론 개정 6판. 나남

윤홍식, 남찬섭, 김교성, 주은선(2019). 사회복지정책론. 사회평론아카데미

이명현(2020). 사회복지법제와 실천 제2판. 공동체

정진경(2019). 사회복지법제와 실천 제2판. 공동체

최승원, 이승기, 윤석진, 김광병, 김수정, 김태동, 배유진(2018). 사회복지법제론. 학지사

황미경(2020). 사회복지법제와 실천. 양서원

국회 홈페이지

법제처 홈페이지

외교부 홈페이지

강정희

부산대학교 의류학과(학사)
경성대학교 사회복지학과(석사)
경성대학교 사회복지학과(박사)
현) 동아대학교 사회복지학과 교수

사회복지법제와 실천

초판발행	2021년 9월 10일
중판발행	2022년 9월 10일

지은이	강정희
펴낸이	노 현
편 집	정수정
기획/마케팅	정성혁
표지디자인	BEN STORY
제 작	고철민 · 조영환

펴낸곳	㈜피와이메이트
	서울특별시 금천구 가산디지털2로 53 한라시그마밸리 210호(가산동)
	등록 2014. 2. 12. 제2018-000080호
전 화	02)733-6771
f a x	02)736-4818
e-mail	pys@pybook.co.kr
homepage	www.pybook.co.kr
ISBN	979-11-6519-186-3 93330

* 파본은 구입하신 곳에서 교환해 드립니다. 본서의 무단복제행위를 금합니다.
* 저자와 협의하여 인지첩부를 생략합니다.

정 가   15,000원

박영스토리는 박영사와 함께하는 브랜드입니다.